/ 새로운 패러다임의 생존 전략 /

# 에코사이언스

권혁인 지음

Eco Science

| 신산업을 기획하고 적합한 생존 전략을 만들어서 시장을 지배하게 하는 방법 |

한경사

# | 차례 |

## | 차례 |

# | 머리말 |

**"산업의 승패를 가르는 요인은 무엇인가?"**

세계적인 스마트폰 제조사인 RIM은 블랙베리로 애플의 아이폰보다 스마트폰 시대를 먼저 열었음에도 스마트폰 시장에서 밀려났다. RIM뿐만 아니라 노키아, 모토로라 등 전통적인 휴대폰 강자들이 애플이나 구글 등 신진 세력에 힘을 못 쓰고 시장에서 퇴진하거나 그 영향력이 급속도로 감소하였다. 성패를 가르는 요인은 무엇이었을까?

과거 1990년대 말부터 2000년대 초까지 우리나라가 선점했던 MP3 플레이어 시장에서 후발주자인 애플은 아이팟으로 우리나라를 가볍게 제압하였다. 사실 MP3 플레이어 기술은 기술 자체가 남들이 흉내 내지 못하는 특별한 것은 아니었다. 특별한 것은 국내 시장의 수요가 특별하다는 것이었고, 그 수요에 기반을 두어 혁신적인 디자인으로 세계시장까지 선점했던 것이다.

우리나라의 MP3 플레이어 시장은 불법복제가 만연한 인터넷 환경에서 급성장했고, 그로 인하여 MP3플레이어는 성공했지만 음반시장의 붕괴라는 아픔을 겪었다. 그에 반해 스티브 잡스는 음반시장의 핵심세력들과 함께 아이팟을 중심으로 새로운 음원서비스 시장을 열었다. 아이팟의 판매는 대성공이었다. 제품과 서비스의 결합이 아이팟의 성공을 열었던 것이며 모바일 스마트폰 성공의 전주곡이 울려 퍼진 것이었다.

애플은 아이폰과 아이패드라는 제품과 앱스토어를 연결하여 독창적인 서비스 모델을 창출하였다. 2011년 5월 10일자 포춘지의 'Inside Apple'에 소개된 스티브 잡스가 성공할 수 있었던 요인을 보면 서비스시대에 우리가 어떻게 해야 하는지를 잘 설명해주고 있다. 스티브 잡스는 디자인, 기술, 서비스, 감성 등 모든 영역의 전문가들이 같이 논의하고 의사 결정할 수 있는 전문가집단(Specialist)을 확보하고 논의 체계(Top100 Meeting)를 설계하고 실행해 왔음을 설명하고 있다.

현대경제연구원의 '제조업의 서비스컴퍼니화 전략'(1999)연구에 의하면 이미 오래전에 제조업의 이익 원천이 제조 부문에서 서비스 부문으로 이동하고 있다고 진단하였고, 정부에서도 그 방향에는 공감하고 있다. 현 정부에서도 '창조경제'를 부르짖고 있고, ICT융합전략을 구체적인 실행전략으로 강조하고 있다. 그럼에도 불구하고 우리나라의 주력산업이 조만간 중국에조차 완전히 추월당할 것이라는 암울한 전망을 내놓고 있다.

시장에서 나타난 분명한 현상은 더 나은 혁신적인 서비스이다. 따라서 그 방향에서 현 상황을 타개할 수 있는 분명한 해법을 내놓아야 하는데 아직 뚜렷한 해법을 말하는 사람들이 거의 없다.

**"과연 서비스화가 답인가? 다른 무엇이 있지 않을까?"**

앞에서 설명되었듯이 새로운 서비스 혹은 경쟁력 있는 혁신적 서비스는 제품 기술력에 사회과학적 그리고 인문학적 역량의 결집을 필요로 한다. 이른바 지식 간 융합이 필요한 것이다. 어떻게 융합해야 하는가?

그 답을 다른 사람의 얘기에서 찾아보자. 영국의 전 문화커뮤니케이션창조산업부 장관 에드 베이지는 그들의 15년간의 경험을 통하여 "흩어진 경제활동의 통합이 창조경제이다"라는 조언을 하였다. 애플이 한 일을 압축하여 설명하는 것이기도 하다. 앞선 경험과 성공사례를 통하여 얻을 수 있는 교훈의 맥락을 정리하면 다음과 같이 설명할 수 있다. "새로운 일자리는 새로운 기술 개발을 통해서 만들어지는 것이 아니고 인류가 필요로 하는 새로운 서비스를 정의한 다음 거기에 맞는 생태계를 정의히여 구현하는 것이며, 신기술은 그 속에서 개발하는 것이다."

농업시대와 산업시대를 거치면서 만들어진 생산 기술과 디자인, IT, SW기술 등 산업지원 기술들을 요리의 재료에 비유한다면 자동차 산업, 전자 산업 등은 오래된 레시피에 비유할 수 있고, 스마트폰 산업은 새로운 레시피라고 할 수 있을 것이다. 스티브 잡스는 새로운 레시피를 만들었고, 애플이라는 회사를 통하여 상품을 생산 및 판매함으로써 요리까지 직접 하였다고 할 수 있다. 우리는 애플이 만든 레시피를 보고 요리를 하여 판매한 것이라고 할 수 있을 것이다.

레시피가 같다고 요리의 맛도 같은 것은 아니다. 전통산업분야에서 우리나라가 성공한 것은 서구의 레시피를 보고 우리의 요리를 한 것에 비유한다면 우리는 이제 우리만의 레시피를 만들어서 세계경제를 리드할 때가 되었다. 모바일 시대에 맞는 농업을 위한 레시피를 개발할 수도 있을 것이고 콘텐츠 산업과 교육산업을 연계하여 우리의 교육시장을 혁신함과 동시에 세계의 콘텐츠 시장에 진출함으로써 일자리를 늘릴 수 있을 것이다.

모든 것이 정보화되어 있는 현재의 환경에서 거의 모든 산업분야는 승자독식의 법칙이 적용되고 있다. 이러한 환경에서는 빈익빈 부익부가 한층 심화되고 지는 쪽의 고용은 축소될 수밖에 없다. 서비스의 대표적인 분야인 음식업계에서 모든 요리는 치열한 경쟁자에 둘러 쌓여있다. 아무리 잘 만들어도 경쟁자를 넘어서지 못하면 시장에 진출도 못할 뿐만 아니라 재료값도 못 건진다. 우리의 산업이 처한 상황이 그러한데 과연 정부에서는 누가 그 많은 종류의 산업들에 대해서 생존전략을 계획하고 있는가? 만약에 정부가 못한다면 누가해야 하는가?

**"신산업을 기획하고 적합한 생존전략을 만들어서 시장을 지배하게 하는 방법은 없는가?"**

세계는 경제 전쟁이 날로 격화되고 있다. 거의 모든 분야에서 경쟁을 제한하는 규제들이 없어지면서 경쟁은 날로 더욱 심화되고 있다. 경제학의 많은 법칙들을 무용지물로 만들고 있는 가장 중요한 요인을 꼽으라고 하면 바로 이 '경쟁'이라고 할 수 있을 것이다. 아무리 계획을 잘 세우고, 투자를 많이 했다고 해도 경쟁에서 밀리면 성과가 급격히 떨어지는데 이것을 어떻게 학문적으로 설명할 수 있는가?

이러한 경제 전쟁에서는 경제학보다 경영전략의 가치가 더욱 빛

난다. 세계적으로 경영전략 분야에서 최고로 손꼽히는 학자라고 한다면 하버드 대학의 마이클 포터 교수를 들 수 있다. 그가 제시한 5-forces 모델은 경영전략 교과서의 중심을 이루고 있다. 그러한 그가 산업시대를 이끌어 온 그의 경영전략 모델이, 기업이 지속적인 경쟁우위를 확보하는데 있어서 한계가 있다고 인식하고 공유가치(CSV)(Create Shared Value)를 보완책으로 제시하였다. 새로운 가치를 실현하기 위해서는 협력하는 시스템이 필요하다고 설명하고 그것을 통해서 이익실현과 사회문제를 해결할 수 있다는 것이다.

마이클 포터 교수는 공유가치의 개념을 직접 고안하여 소개했지만 그것을 어떻게 찾고 만들어 가는지에 대해서는 구체적으로 언급하지 않고 있다. 여기서 부터는 그의 영역이 아니라고 보인다. 공유가치를 만드는 방법조차 협업이 필요한 것이라고 해야 할 것이다.

이 책에서는 우리가 다루어야 할 주된 대상이 '서비스'임을 분명히 하고 이러한 새로운 서비스를 개발하기 위한 절차를 제시하였다. 서비스를 개발하기 위해서는 먼저 목표로 하는 대상 서비스 영역이 정해져야 하는데 대부분의 영역에서 추구해야 할 새로운 가치가 이미 설정되어 있는 경우가 많다. 농업의 경우 '6차산업화', 교육의 경우 '창의적 인재 양성', 혹은 '취업역량 강화 교육', 자동차 산업의 경우 '스마트 전기자동차' 등이 여기에 해당된다.

다음 단계로는 새로운 서비스가 가능한 새로운 산업생태계(Ecosystem)를 설계해야 한다. 현재의 생태계가 아니고 잠재적 경쟁자를 고려하여 생존 가능한 서비스 시스템을 설계하는 것이다. 스티브 잡스는 새로운 서비스를 설계하면서 통신업계까지 누르고 콘텐츠 서비스에서 이익을 가로채 가도록 설계하였다. 그것이 앱스토어의 개념이다.

서비스를 실시하기 위해서는 고객을 포함하여 서비스에 참여하는 이해관계자들이 공유하는 플랫폼(Platform)이 필요하다. 온라인뿐만 아니라 오프라인도 고려해야 한다. 플랫폼을 활용하여 여러 이익 주체들이 공동으로 만들어내는 서비스는 새로운 것이라는 사실에 주목해야 한다. 새로운 서비스는 고객에게는 새롭고, 기존의 제도와는 크게 배치될 가능성이 있기 때문에 꼼꼼히 체크해야 한다. 그것은 제품 안전과 관계된 것일 수도 있고, 서비스의 질과 관계된 것일 수도 있다. 때로는 규제 개혁을 필요로 할 수도 있다.

**"모든 문제는 공유가치의 틀로써 지식융합에 의한 새로운 서비스의 개발을 통하여 해결하되 그 절차는 E(산업생태계)–P(플랫폼)–S(서비스)–S(전략)를 통하여 해결 할 수 있다."**

요약하여 정리하면 "우리 사회가 안고 있는 청년실업문제, 노인일자리 문제, 미래 먹거리 문제 등 거의 모든 문제는 공유가치의 틀로써 지식융합에 의한 새로운 서비스의 개발을 통하여 해결하되 그 절차는 E(산업생태계)–P(플랫폼)–S(서비스)–S(전략)를 통하여 해결 할 수 있다는 것이다." 필자는 이것을 하나의 단어로 에코사이언스라고 명명하였다. 에코사이언스는 네 가지 요소인 EPSS를 동시에 고려하면서 고도로 발전된 ICT기술과 관련된 산업기술을 융합하여 새로운 서비스 혹은 신산업을 개발하고자 하는 과학적 방법론이라고 정의하였다.

1장에서는 지식시대에 효과적으로 대처해야 할 필요성을 제기하기 위하여 비즈니스 환경의 변화와 산업패러다임의 변화가 어떤 특징을 가지고 있는지 설명한다. 2장에서는 앞에서 간단하게 언급한 에코사이언스를 소개한다. 3장에서는 기존의 산업 중에서 에코사이언스가 절실히 필요한 사례로서 농업과 교육의 혁신방향에 대해서 소개한다. 4장에서는 새롭게 떠오르고 있는 신산업의 발전 방향을 제시하였다. 5장부터 8장까지는 에코사이언스를 실제로 적용하여 새로운 서비스를 개발한 사례로서 공공서비스 수출 지원사업을 소개한다. 5장에서는 서비스와 전략의 도출을 보여주었고, 6장에서는 서비스의 생산과정에 참여해야 하는 산업 생태계와 함께 비즈니스 모델을 설명하였고, 7장에서는 생태계를 연결하여 서비스를 실시할 때에 필요한 플랫폼에 대해서 설명하였다. 마지막으로 8장에서는 서비스의 구현 시에 고려해야할 요소와 함께 공공서비스 수출지원 플랫폼의 운영 수익모델을 분석하였다.

에코사이언스 프레임워크는 지난 10여 년간 중앙대학교 서비스모델 연구실에서 다수의 정부과제를 수행하면서 생긴 노하우를 집약하여 만들어진 것으로서 졸업생과 현재 박사과정에 재학하고 있는 학생들의 공로가 지대함을 밝혀둔다.

2015년 8월
권혁인

ECO SCIENCE
strategy of
new paradigm

에코사이언스: 새로운 패러다임의 생존 전략

# 1

# 산업의 변화 방향

**II** 세상의 경제 패러다임이 변하고 있다는 기사를 접하기는 어렵지 않다. 그러나 그 패러다임의 특징이 무엇인지, 우리는 잘 대처하고 있는지 의문은 가지만 의문을 해소하기는 쉽지 않다. 노령화 문제, 일자리 문제, 자살률, 빈부격차, 인구감소 등 갈수록 해결하기 어려워 보이는 문제들은 쌓여만 간다. 이 모든 문제들이 상호 연관관계가 있을 것 같지만 해결의 실마리를 찾기는 쉽지 않다. **우리는 과연 새로운 시대의 패러다임을 잘 이해하고 있는 것인가**?

## "세금 갖다 쓴 국가 R&D 기술의 75%가 무용지물"

〈그림 1-1〉의 기사를 보자면 정부차원에서 대체적으로 패러다임 변화에 잘 적응하고 있지 못하고 있다는 느낌이다.

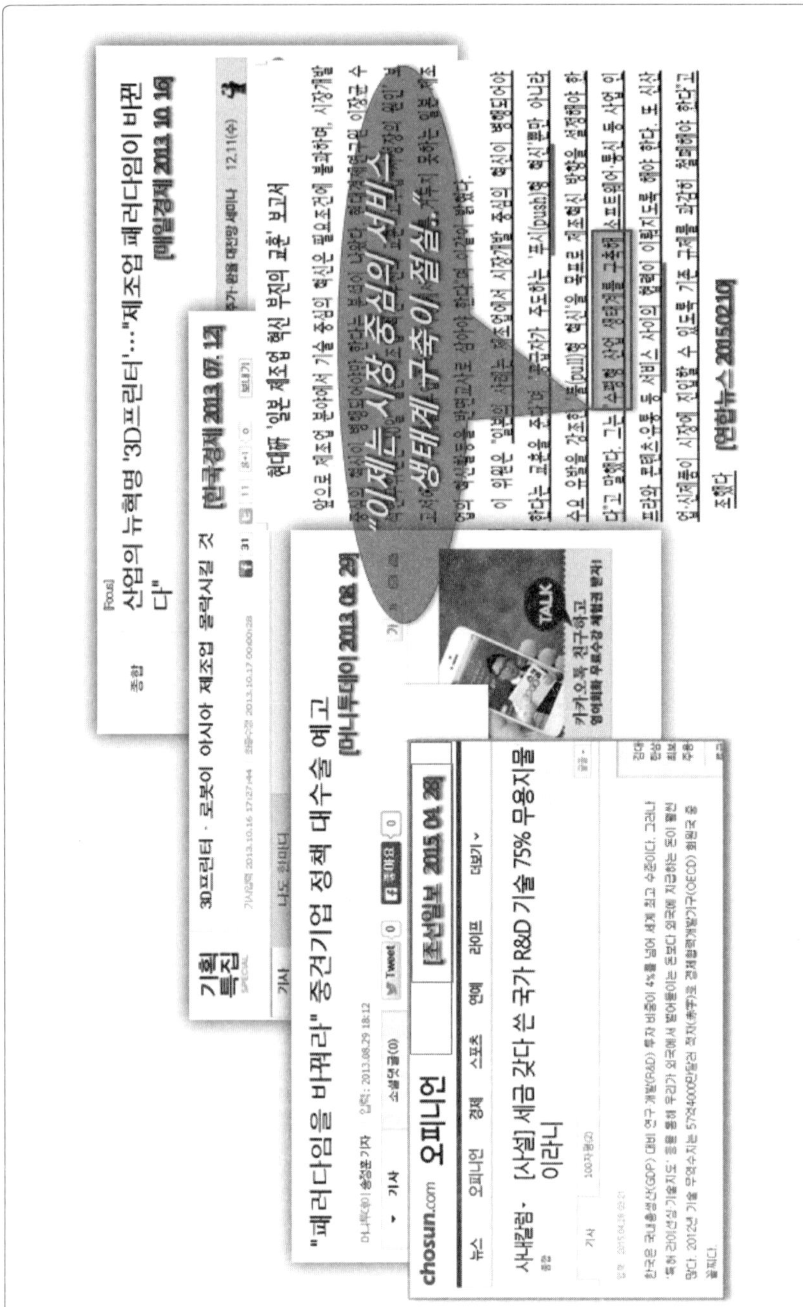


〈그림 1-1〉 새로운 패러다임에 대한 대응방안의 필요성

현대 제조업은 과거의 'Push' 방식에서 'Pull' 방식으로 생산 패러다임이 변화하고 있다. Push 방식에서는 생산과 분배의 결정 시, 오랜 기간의 예측이 필요하였고, 과거의 주문에 기반을 두었으며, 요구의 패턴 변경이 어려웠다. 이로 인해 시장에서 원하는 서비스의 즉각적인 대응 역시 어려움을 겪었다. Pull 방식에서는 요청에 의하여 제품을 생산하고, 재고가 거의 없는 상태에서 주문에 즉각적인 대응을 할 수 있게 된 차이점이 있다. 21세기 3차 제조업혁명의 특징은 'Mass Customization'으로서 과거의 방식을 대량생산에 의한 Push형이라고 한다면 현재는 Pull 형태의 산업이라고도 한다. Pull과 Push는 제조의 절차적인 면만을 강조한 것이고 구체적으로 상품의 특징을 살펴보면 고객의 만족을 무한대로 추구해야 한다는 측면

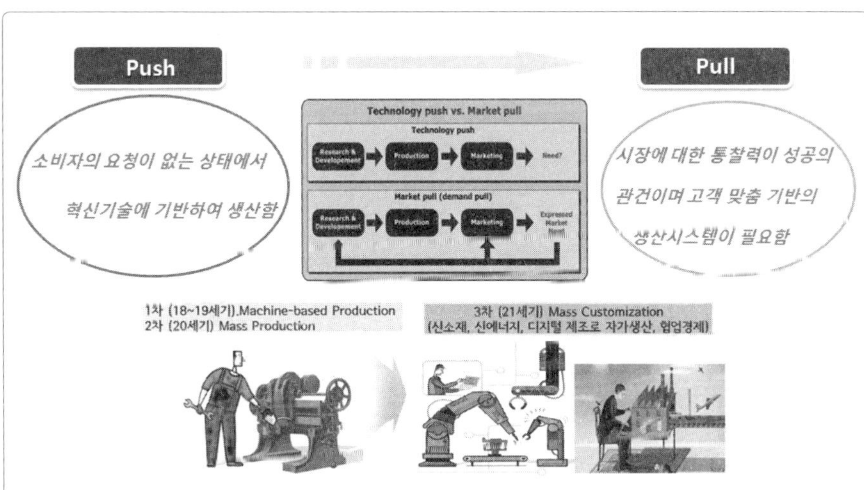


**〈그림 1-2〉** 제조업 패러다임의 변화 (The Economist, "A third industrial revolution," Apr 21st 2012)

에서 과거의 산업과 거의 모든 면에서 대비가 된다.

이렇듯 세계의 경제가 패러다임의 변화를 겪으면서 정부투자의 효율성에 대한 의문이 증폭되고 있을 뿐만 아니라 R&D 예산 증가율은 OECD 국가 중 최상위에 기재되어 있음에도 투자효율은 계속 하락하고 있다. 특히 우리나라는 다른 국가들에 비해서 GDP 대비 기업 R&D 비중은 높지만 혁신활동은 낮은 수준에 머물러 있다. 이에 대해서 현대경제연구원의 보고서(2014.7, "제조업혁신정책 현황 평가와 시사점")에서는 시장개발 중심의 혁신을 주문하고 있고, 소프트웨어, 콘텐츠 등의 산업지원 서비스산업과 수평형 산업생태계 형성을 주문하고 있으나 정부의 정책에서는 종합적이고 체계적인 정책의 비전과 실행전략이 보이지 않고 있다.

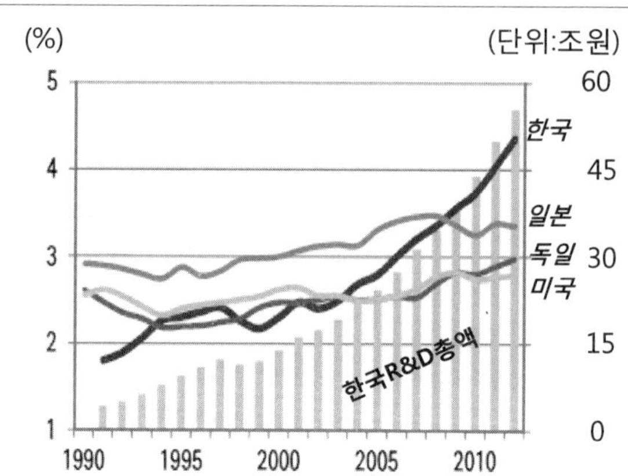


**〈그림 1-3〉** 한국 R&D 총액과 주요국 R&D/GDP (OECD, Main Science and Technology Indicators)

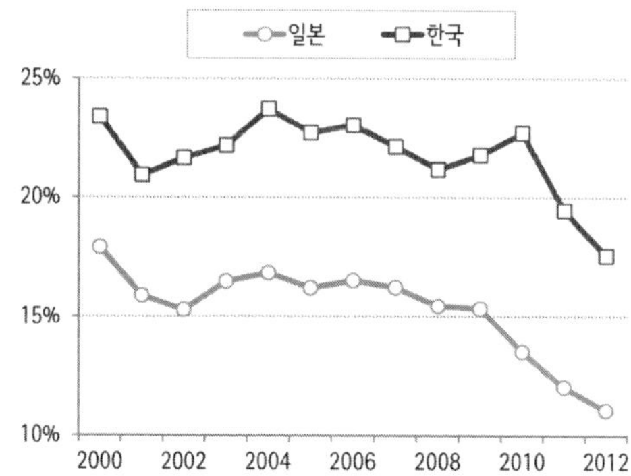


주: 첨단기술제조업 = 항공우주, 통신 및 반도체, 컴퓨터 및 사무용기기, 의약, 과학도구 및 측정설비

〈그림 1-4〉 한일 첨단기술 제조업의 부가가치 비교 (NSF, science and engineering indicators)

수평형 산업생태계 속에서 협업에 의한 새로운 가치창출을 위해서는 먼저 서비스에 대한 설계가 이루어져야 할 것이다. 그런 다음에 여러 기관이 협업하기 위해서는 이들을 연결하여 효과적으로 운영하기 위한 '플랫폼'이 필요하다. 새로운 가치는 고객에 맞추어서 설계되어져야 하고, 서비스 경쟁에서 살아남아야 하기 때문에 경쟁전략을 포함하고 있어야 한다. 그러나 기존의 플랫폼은 협업이 미미하거나 Push형 혁신에 그쳐 시장에서 결국 실패하는 경우가 많았다. 우리나라는 "제조업으로 세계 1등"이 많지만 "확산과 점유에는 실패"한 경우가 많은 것도 이처럼 시장이 원하는 서비스를 제공하는 Pull 방식이 아니었기 때문이다. 지속적인 서비스 혁신에 실패한 사례들은 〈그림 1-5〉와 같다.

우리의 산업 및 경제 정책이 과거의 것을 반복하여 재생하고 있

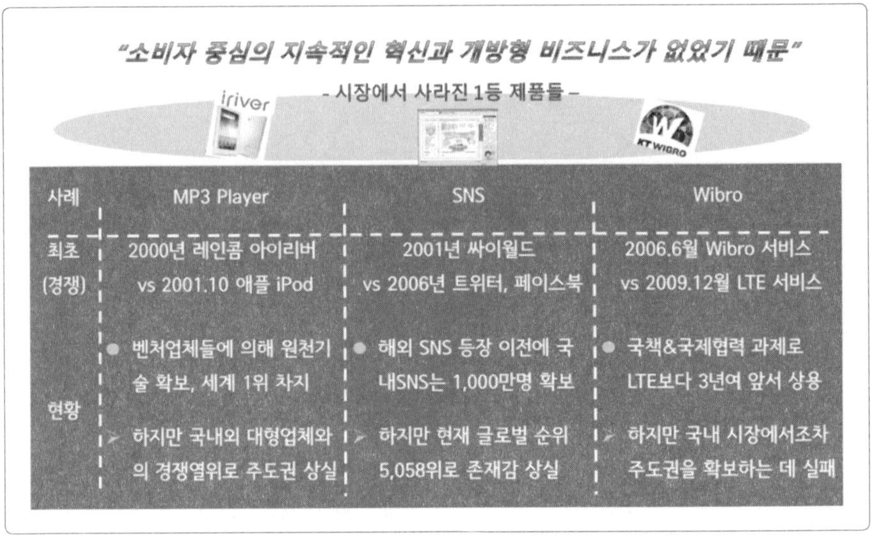


| 사례 | MP3 Player | SNS | Wibro |
|---|---|---|---|
| 최초 (경쟁) | 2000년 레인콤 아이리버 vs 2001.10 애플 iPod | 2001년 싸이월드 vs 2006년 트위터, 페이스북 | 2006.6월 Wibro 서비스 vs 2009.12월 LTE 서비스 |
| 현황 | ● 벤처업체들에 의해 원천기술 확보, 세계 1위 차지<br>➢ 하지만 국내외 대형업체와의 경쟁열위로 주도권 상실 | ● 해외 SNS 등장 이전에 국내SNS는 1,000만명 확보<br>➢ 하지만 현재 글로벌 순위 5,058위로 존재감 상실 | ● 국책&국제협력 과제로 LTE보다 3년여 앞서 상용<br>➢ 하지만 국내 시장에서조차 주도권을 확보하는 데 실패 |

〈그림 1-5〉 소비자 중심의 서비스혁신 실패 사례 (이장균, 2015)

는 동안에 산업시대는 종식되었고, 1980년대 중반에 시작되었던 정보화는 완성되었으며, ICT융합에 의한 새로운 패러다임을 창조해야 하는 시대로 넘어 왔다. 새로운 질서가 지배하는 시대는 관점에 따라서 약간씩 다른 용어로 지칭이 되는데 대표적인 것들이 '서비스 시대', '지식시대', '공유경제 시대' 등이다. 상품의 관점에서 '서비스', 수단의 관점에서 '지식', 경제시스템적인 측면에서 '공유경제'라고 하는 것이다.

**"산업시대에 태동하여 그 시대를**
**이끌어 왔다고 할 수 있는 경제학, 경영학은**
**과연 새로운 시대에도 여전히 유효할까?"**

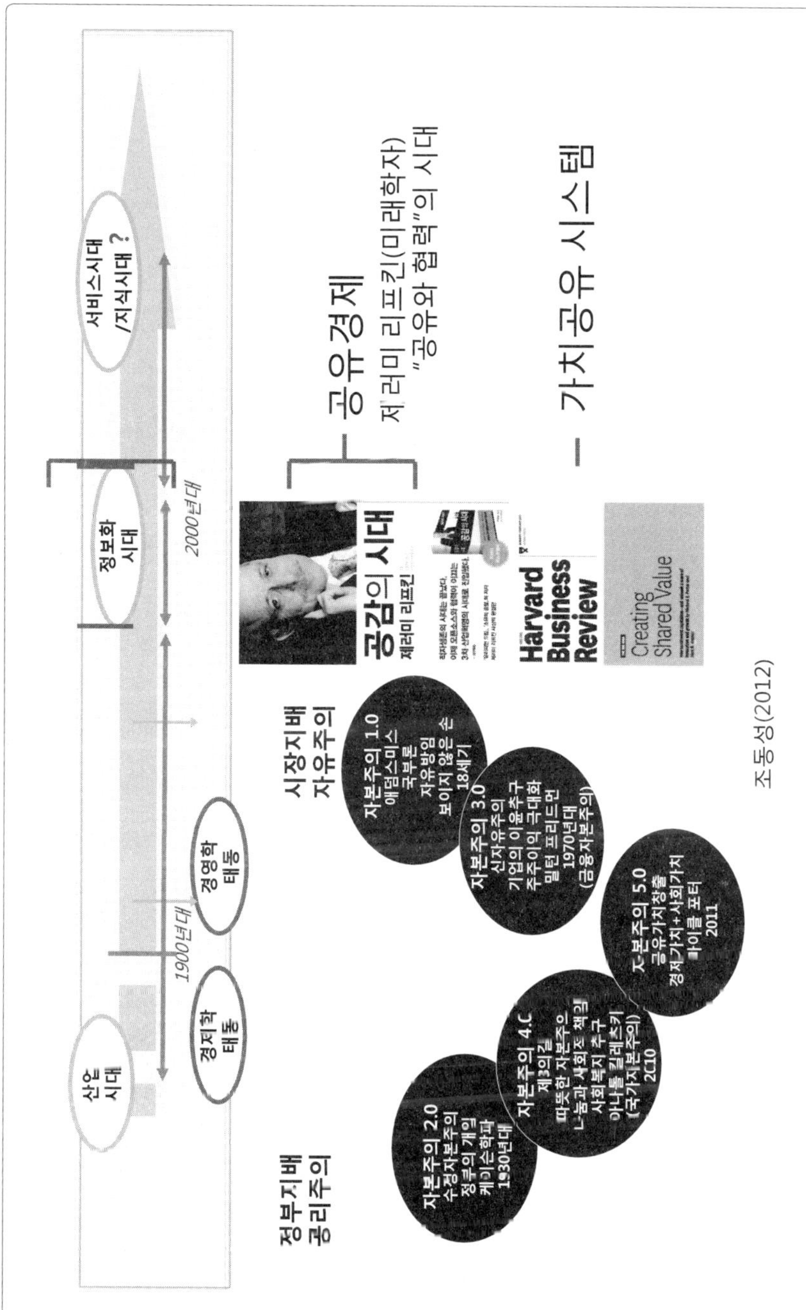


〈그림 1-6〉 산업 변화에 따른 학문의 변화

한편, 노벨상을 수상한 바 있는 경제학자 엘리너 오스트롬의 '지속가능한 경제'에서는 새로운 경제 질서를 위한 의미 있는 연구결과를 제시하고 있다. 이 연구에서는 산, 강, 바다 등 지역사회의 구성원들이 공유하는 자원을 효율적으로 잘 관리하여 가치를 창출하는데 성공한 사례들을 분석하였다. 그가 제시하는 자원공유체계의 디자인 원리를 새로운 관점에서 설명하면 〈그림 1-7〉과 같다. 1, 2, 3번을 요약하면 공유와 협력체계라고 볼 수 있고, 나머지는 대부분 새로운 질서를 만들어내기 위한 제도개혁이라고 설명할 수 있을 것이다. 시장의 요구에 따라서 새로운 서비스(가치)를 수평적 생태계에 속한 기관들이 협력에 의하여 제공한 다음 그 가치를 공유하는 오늘날의 경제시스템과 엘리너 오스트롬의 자원공유시스템은 대상은 다르지만 접근법은 매우 유사하다.

자원공유시스템과 서비스가치 공유시스템을 비교하면 〈표 1-1〉과 같다. 이 두 가지 시스템은 가치창출을 위해서 새로운 질서(제도)를 창출한 다음 협력에 의해서 가치를 창출한다는 측면에서 매

1. 명확하게 정의된 경계(자원의 경계, 권리권자) .................. 목표설정
2. 사용 및 제공규칙의 현지 조건과의 부합성 .................. 비즈니스 환경
3. 집합적 선택장치(합의과정) .................. 비즈니스모델
4. 감시활동 .................. 제도
5. 점증적 제재 조치 .................. 제도
6. 갈등 해결 장치 .................. 제도
7. 최소한의 자치 조직권 보장 .................. 제도
8. (대규모 체제에 속해 있는 경우) 중층의 정합적 사업단위(nested enterprise)

→ 공유와 협력 (1–3)

→ 새로운 질서 (4–8)

**〈그림 1-7〉** 공유자원제도의 8가지 디자인 원리 (윤홍근, 2010)

〈표 1-1〉 자원공유시스템과 서비스가치공유시스템의 비교

| 구분 | 자원 공유 | 서비스가치 공유 | 공통점 |
|---|---|---|---|
| 공유 대상 | 영역이 명확한 자연자원 | (혁신) 서비스 | 미개발 가치 |
| 주체 | 지역의 주민, 기관 | 지역과 무관한 다수의 핵심역량 보유자(기관) 다수의 이해관계자 | |
| 제도 | 혁신 필요 | 혁신 필요 | 새로운 사회 시스템 창조 |
| 공유 플랫폼 | 지역사회 | ICT 플랫폼 | |

우 유사하다.

펜실베이니아대 와튼스쿨의 미래학자 제레미 리프킨(Jeremy Rifkin) 교수는 산업생산 시대가 지고 있다며 공유와 협력의 중요성을 역설한 바 있다. 이들 세계적 석학의 주장을 차치하더라도 우버, 에어비앤비 등 점차 부각되는 공유기업과 공유가치확산은 이 사회

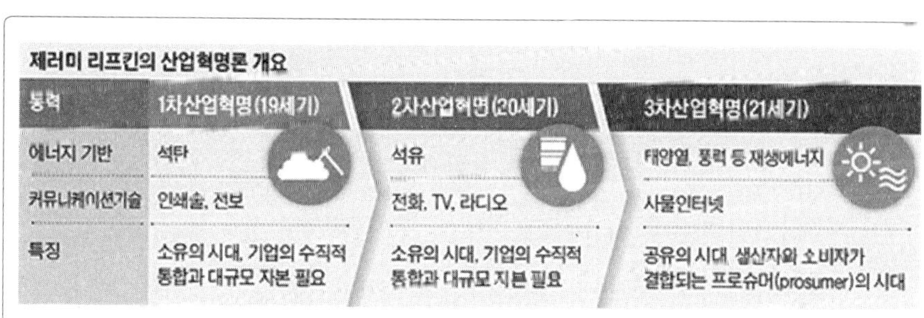


〈그림 1-8〉 제레미 리프킨의 산업혁명론 개요 (조선일보, 2015)

의 주요 쟁점이자, 필연적 과정이다.

결국 시장의 요구를 중심으로 한 모든 산업의 질서 재편은 시대적인 요청사항이라고 할 수 있다. 이때 향후 공유경제 시스템 중심의 변화 방향과 이해관계자 간 융복합의 심화 등 일련의 시대적 흐름을 고려한다면 국가적 차원에서 산업의 전반적인 생태계를 과학적으로 분석하고 새롭게 형성하는 연구가 필수적으로 요구된다고 볼 수 있다.

### "공유경제의 상품은 품질, 신뢰, 맞춤이 확보돼야..."

공유경제시스템에서 제공하는 상품은 소비자의 요구에 맞추어서 생산해야 하기 때문에 상품이 갖추어야 할 특징으로 '품질', '신뢰', '맞춤'을 들 수 있다. 시장의 작동 메카니즘은 '경쟁우위'의 요소가 강조되고, 'Pull' 방식에 의한 공급체계, 서비스 체계 등이 중요한 요소로 작용한다. 생산 시스템은 앞에서 언급된 대로 협력과 가치 공유체계가 매우 중요하다. 수평적 산업생태계의 구성원들이 협력에 의해서 상품을 생산하기 위해서 '플랫폼'도 필수 요소로 등장하였다. 서비스적인 속성을 갖춘 상품을 생산하고 시장에서 경쟁우위를 유지하기 위해서 '창조'적인 요소가 핵심으로 자리하고, 경쟁력 있는 서비스를 제공하기 위해서 가치 '공유', 지속적인 서비스 생산을 위해서 생산자와 소비자 '연결'을 하여야 한다. '창조', '공유', '연결'은 항상 공존해야 하는 요소들로서 모든 서비스 생산에 필요한 공통의 요소라고 할 수 있다.

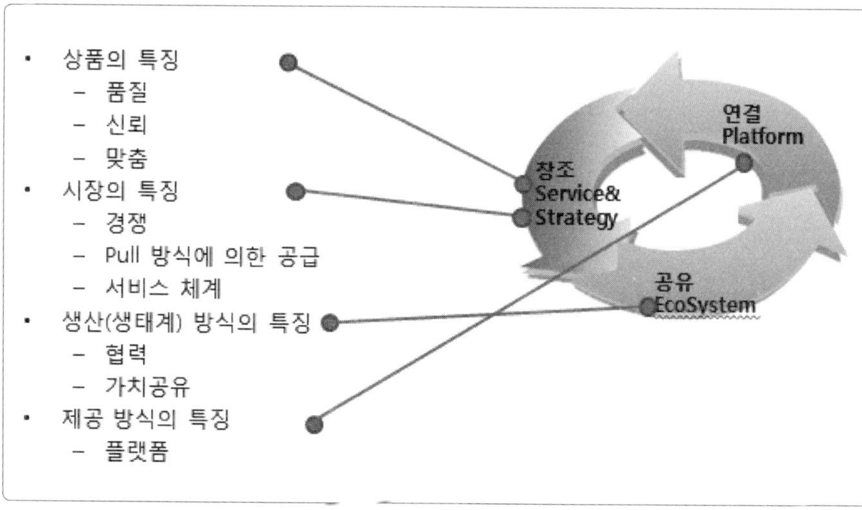


〈**그림 1-9**〉 공유경제시스템의 특징

ECO SCIENCE
strategy of
new paradigm



# 2

에코사이언스: 새로운 패러다임의 생존 전략

## 2-1 에코사이언스 개요

**"'에코사이언스'는 산업 간의 융합문제를 해결하기 위하여 (비즈니스 측면의) 에코시스템, 플랫폼, 서비스, 서비스전략 네 가지 요소를 동시에 고려하면서 고도로 발전된 ICT기술과 관련 산업기술을 융합하여 새로운 서비스 혹은 신산업을 개발하고자 하는 과학적인 방법론을 지칭하는 학술적 신조어이다."**

정부의 산업정책과 R&D 투자가 기술혁신 중심의 산업시대적인 프레임에 갇혀서 효율성이 떨어지는 것을 목격한 필자가 모 국회의원에게 에코사이언스를 제안한 적이 있었다. 이것이 계기가 되어서 국회 창조특위에서 에코사이언스가 언급된 것인데, 정부의 경제정책이 기본적인 조감도 없이 수립되고 있음을 지적하고 비효율적인 현 정부정책에서 벗어나서 신서비스산업 창출을 중심으로 산업융합을 추진하되 **에코사이언스**를 활용하여 산업조감도를 작성할 것을 창조특위 차원에서 정부에 주문한 바 있다(2015.3.18., 제331회 국회 창조경제활성화특별위원회 회의록 제11호).

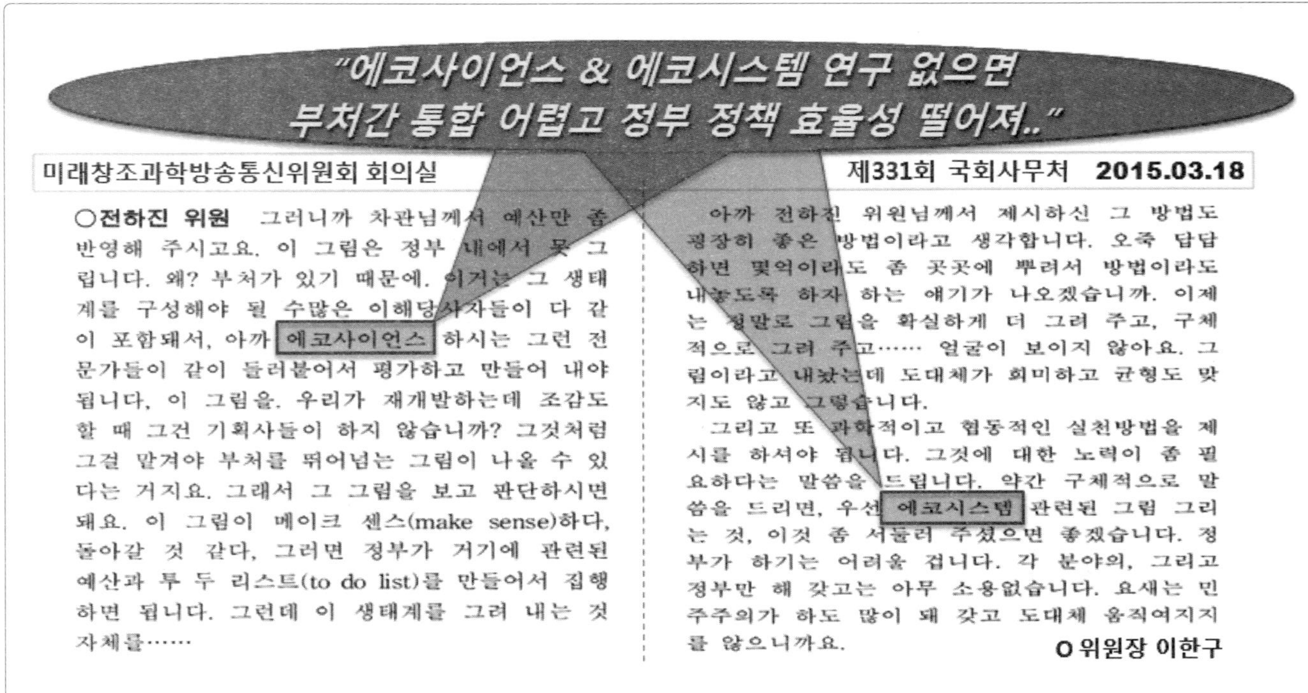


〈그림 2-1〉 창조경제 활성화 특별위원회 회의록 中

에코사이언스의 필요성을 설명하기 위하여 신산업의 창출을 요리에 비유해서 설명하고자 한다.

농업시대와 산업시대를 거치면서 기술혁신을 통해서 만들어진 각종 기술들을 요리의 재료에 비유하고 디자인, IT, SW기술 등 산업지원 기술들을 조미료에 비유해 보자. 그런 요리 재료와 조미료를 활용해서 만들어진 대표적인 요리에 자동차산업, 전자 산업 등이 있다고 할 수 있으며 이것들을 오래된 레시피에 비유할 수 있을 것이다. 최근에 등장한 스마트폰 산업은 새로운 레시피라고 할 수 있을 것이다. 스티브 잡스는 새로운 레시피를 만들었고, 애플이라는 회사를 통하여 상품을 생산 및 판매함으로써 요리까지 직접 하였다고 할 수 있다. 우리는 애플이 만든 레시피를 보고 우리가 직접 요리를 하여 판매한 것이라고 할 수 있을 것이다.

레시피가 같다고 요리의 맛도 같은 것은 아니다. 전통산업분야에서 우리나라가 성공한 것을 서구의 레시피를 보고 우리의 요리를 한 것에 비유한다면 우리는 이제 우리만의 레시피를 만들어서 세계 경제를 리드할 때가 되었다. 모바일 시대에 맞는 농업을 위한 레시피를 개발할 수도 있을 것이고 콘텐츠 산업과 교육산업은 연계하여 우리의 교육시장을 혁신함과 동시에 세계의 콘텐츠 시장에 진출함으로써 일자리를 늘릴 수 있을 것이다.

## "산업시대의 종식과 정보화의 완성, 지금은 이를 넘어선 새로운 융합 패러다임이 필요한 시기"

우리의 산업 및 경제 정책이 과거의 것을 반복하여 재생하고 있는 동안에 산업시대는 종식되었고, 애초에 목표하였던 정보화는 완성되었다. 정보화를 넘어서 IT융합에 의한 새로운 패러다임을 창조해야 하는 시대로 이미 넘어 왔다. 산업시대에 숭상하였던 기술지상주의가 인류의 삶의 질을 개선하는 서비스 지상주의로 변모하고 있다. 우리나라 산업정책의 효과성에 의문이 가는 것은 바로 새로운 패러다임에 제대로 적응하고 있지 못하다는 것의 방증이라고 할 수 있다.

〈그림 2-2〉에서는 그동안에 인류가 만들어온 1, 2, 3차 산업을 새로운 요리재료와 조미료에 비유하고 있고 새로운 서비스산업을 만들어내기 위해서는 새로운 레시피를 개발해야 한다는 것을 설명하고 있다. 그림에서 첫번째 원은 생태계를 구성하는 다양한 비즈니스 모델들을 레시피로 표현하고 있고, 그것들이 어우러지는 커다란 산업생태계도 '생태계 레시피'라고 표현하고 있다. 이것이 바로 새로운 산업을 창조하기 위해서 우리가 먼저 작성해야 하는 신산업을 위한 조감도라고 할 수 있다.

조감도가 완성되면 필요한 제도를 개선한 다음 조감도에 따라서 다양한 구성원들이 협력할 수 있는 플랫폼을 구축하여 서비스를 일사불란하게 제공할 수 있어야 한다. 이것도 원으로 표현한 것은 정부의 지원 하에 추진되어야 함을 강조하기 위한 것이다.

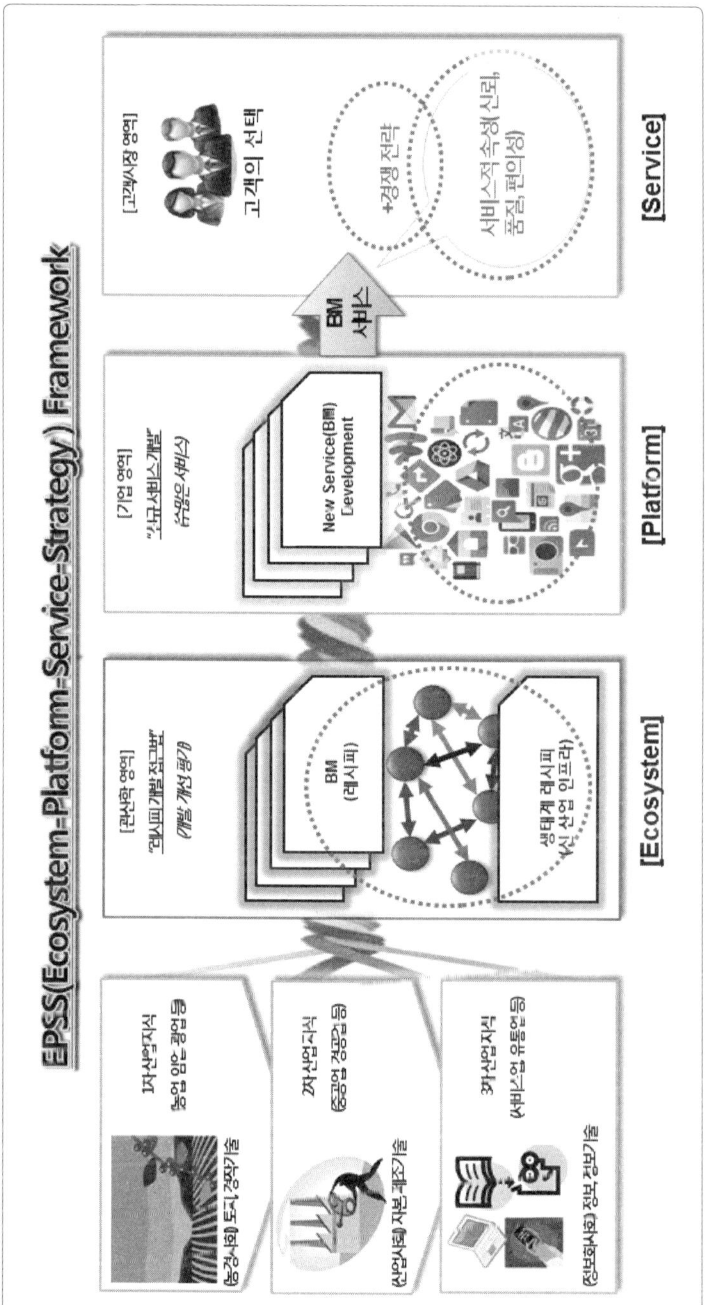


〈그림 2-2〉 신산업의 구성요소

〈그림 2-2〉에서 오른쪽의 원은 신산업을 위한 전략을 도출하여 정책에 반영하는 일로 정부해서 해 주어야 하는 일이고, 표준화와 서비스의 품질인증 등 서비스적인 속성을 완성하기 위하여 공공부문에서 해야 할 일들이 있다는 의미로 원으로 표현하였다.

에코사이언스는 산업생태계를 체계적으로 만드는 과학으로 정의할 수 있는데, 산업 간 경계가 허물어진 세상에서 제품과 서비스의 개발부터 판매까지 여러 산업 이해관계자가 함께 생태계를 조성해야 한다는 측면에서 매우 중요한 방법론이라고 할 수 있다. 이를 통해 생태계 이해관계자들의 이해관계를 공유하고, 생태계 협업자들의 균형점을 플랫폼으로 연결하여 생각하며 생태계 고객접점에서의 가치 창조를 위한 체계적 활동을 추진하도록 시장 및 산업 접근의 패러다임을 근본적으로 변화시키기 때문이다.

새로운 융합서비스 혹은 신산업의 창출은 고려해야 할 요소가 매우 많다. 제품 중심의 서비스이든 서비스를 보완하는 제품이든 새로운 상품은 '종합적 서비스'의 속성을 갖고 있어야 하기 때문에 관련 이해관계자가 매우 복잡하다. 신산업의 창출과정을 단계적으로 설명하자면 먼저, 주어진 시장에서 경쟁자를 고려하면서 새로운 상품을 설계해야 하기 때문에 가장 먼저 해야 할 일이 경쟁전략과 함께 상품으로서 서비스를 창조해내야 하는 것이다.

그 다음에는 서비스를 구성하는 요소들을 공급하는 이해관계자들에 대한 분석(생태계 정의)을 한 다음 이들이 적절한 보상에 의해서 적극 참여하도록 하는 비즈모델을 설계하고(가치공유체계설계), 이들을 연결할 수 있는 플랫폼을 구축하고, 필요한 경우 제도개선을

한 다음 서비스를 구현해야 한다.

**"에코사이언스의 핵심활동은 창조, 공유, 연결로 요약되는데 활동의 결과물로는 Ecosystem(산업생태계), Platform, Service&Strategy라고 할 수 있다."**

에코사이언스의 핵심활동은 창조, 공유, 연결로 요약되는데 활동의 결과물로는 Ecosystem(산업생태계), Platform, Service & Strategy라고 할 수 있다. 각각의 결과물들은 〈그림 2-3〉에 요약되어 있는 절차에 따라서 만들어 갈 수 있으며 결과물 도출 과정에 사용할 수 있는 구체적인 방법들을 예시하면 〈그림 2-4〉와 같다.

에코사이언스 방법론은 가치창조, 플랫폼 연결, 이해관계 공유의 핵심 개념을 중심으로 서비스 도출에서 구현까지 이르는 세부적인 분석 절차로 구성되며, 세부 단계별(7 Generic steps) 프로세스는 다음과 같다.

첫 번째로 서비스 도출은 신산업 분석 및 서비스 도출을 위한 첫 번째 단계로, Design Thinking 방법론, 블루오션전략 등 비즈니스 모델을 도출하는 방법론을 적절히 활용하면 된다. 예를 들어 Design Thinking 방법론에서 언급하고 있는 공감지도(The Empathy Map)를 그리는 것으로 시작할 수도 있다. 공감지도는 고객의 환경,

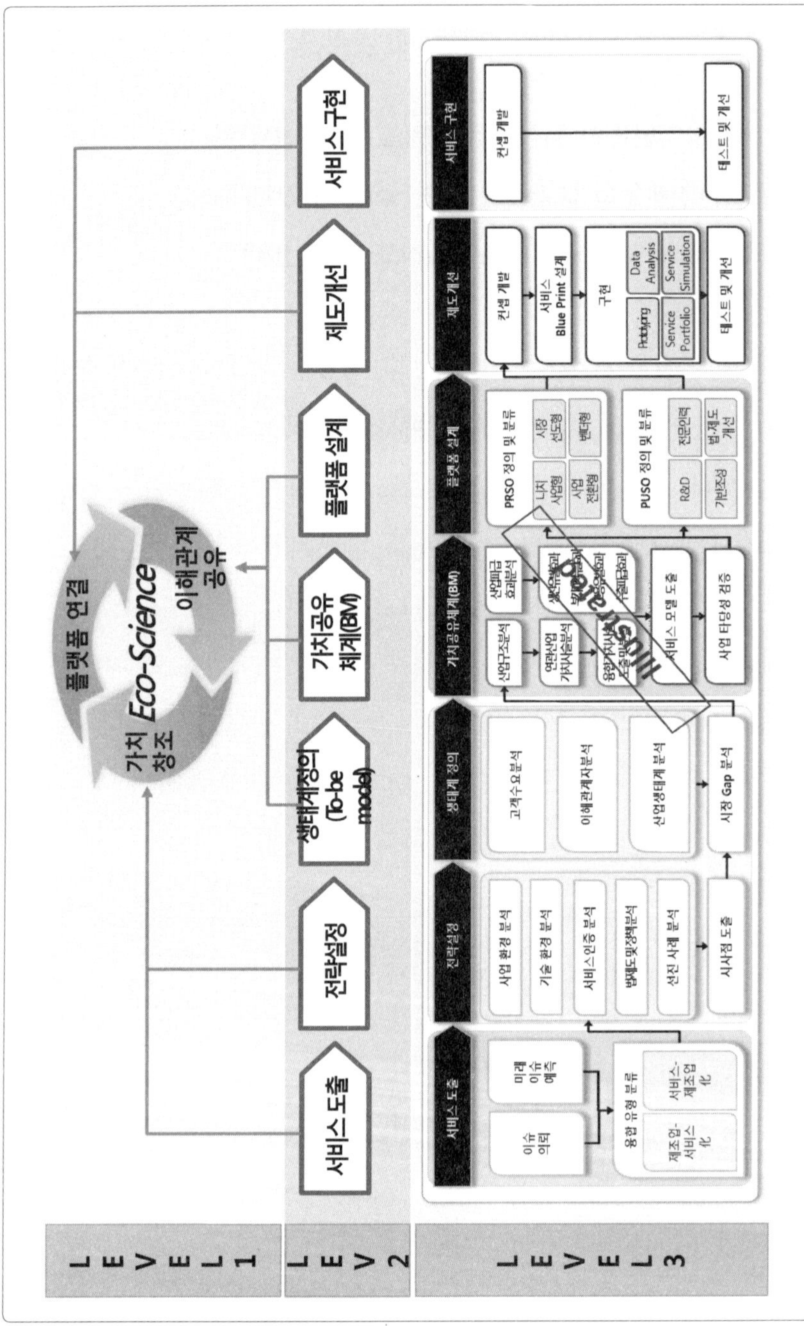


〈그림 2-3〉 에코사이언스의 7 Generic steps

| 구성요소 (Component) | 개념도 (Concept) | 도구 (Toolkits) |
| --- | --- | --- |
| **창조(서비스&전략)** (Creating Services)<br>개념 : 고객접점에서 가치 창조<br>활동 : 서비스 통찰<br>서비스 디자인<br>서비스화<br>예시 : Airbnb(호텔), Uber(운송), 포탈(언론), 배달앱(음식점) 등 | 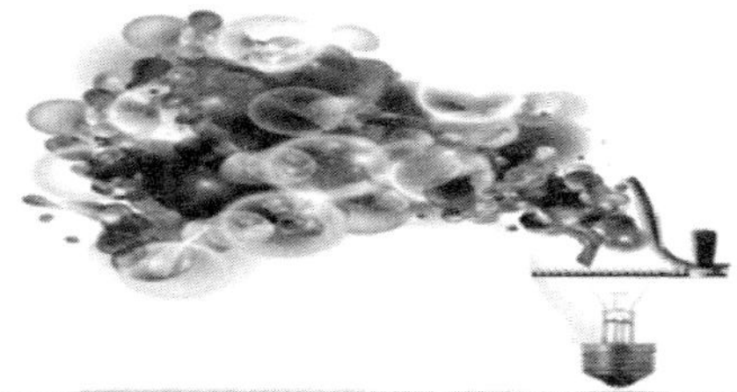 | Design Thinking<br>Business Model Canvas<br>Blue Ocean Strategy |
| **연결(플랫폼)** (Connecting the dots)<br>개념 : 생태계 균형점을 연결<br>활동 : 구조적 공백 최소화<br>광역 최적화<br>네트워크 유용성 극대화<br>예시 : Paypal, Facebook, app store, 시장, 학교, 연합, 기업 등 | 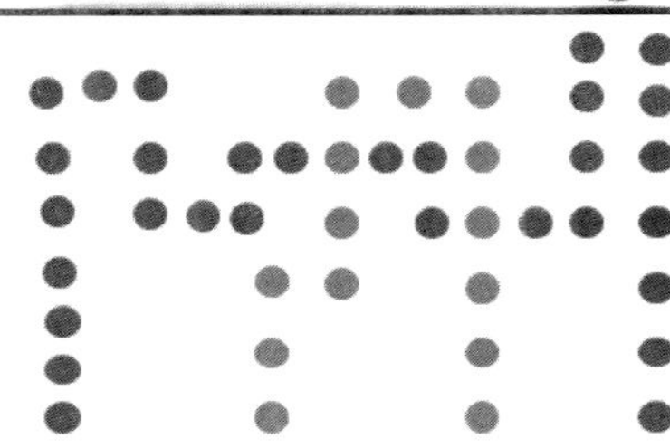 | System matrix<br>Global Optimization<br>Conflict Resolution<br>Metcalfe's law |
| **공유(에코시스템)** (Sharing our Ecosystem)<br>개념 : 생태계 이해관계자 공유<br>활동 : 생태계 이해관계자 관계 분석<br>생태계 이해관계자 문제분석<br>생태계 이해관계자 목표 공유<br>예시 : 생산자, 소비자, 촉진자, 정책 등 |  | Stakeholder's context<br>Stakeholder's Analysis<br>(Pain/Gain Point,<br>Shared Goal) |

〈그림 2-4〉 에코사이언스 방법론

행동, 관심사, 열망 등을 깊이 이해할 수 있고, 고객 프로파일이 완성되면 가치제안을 설계하고 고객접근법을 고안하며 더 효과적인 고객관계를 만들 수 있다. 공감지도는 브레인스토밍을 통해 만들어지는데 여러 사람이 모여 문제 해결을 위한 다양한 아이디어를 자유롭게 제시하고, 이러한 아이디어들을 취합, 수정, 보완하여 정상적인 사고방식으로는 생각해 낼 수 없는 독창적인 아이디어를 얻을 수 있게 된다.

두 번째로 전략설정은 도출된 서비스를 기반으로 서비스를 실제 운영할 수 있는 전략을 도출하는 개념으로 서비스 단위별로 전략이

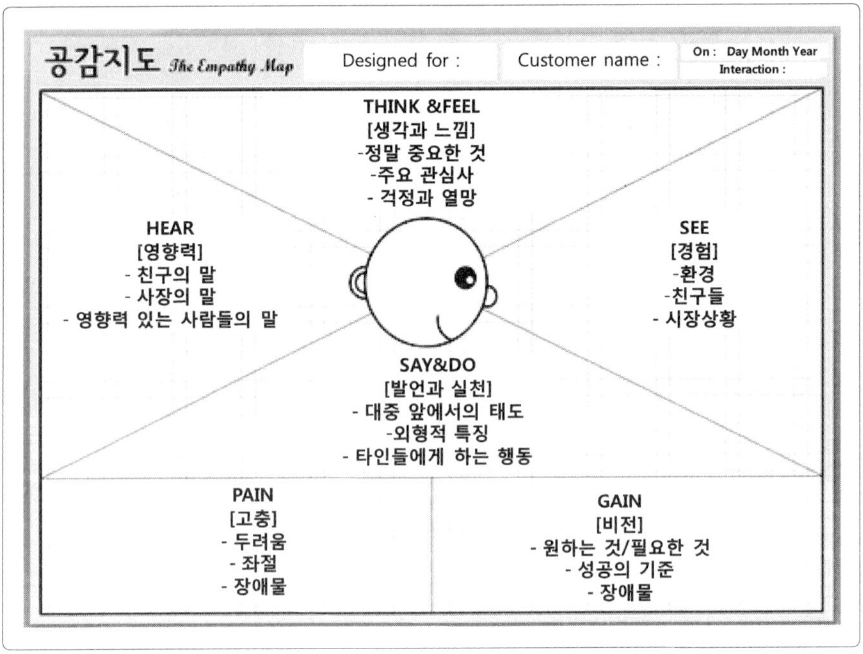


〈그림 2-5〉 공감지도

설정될 수 있다.

이때 전략은 크게 성장 전략과 경영 전략으로 나뉘며, 성장 영역에서는 주력사업을 확대하거나 사업의 다각화 기획, 사양사업 혹은 리스크가 큰 사업 등에 대한 철수 등을 검토할 수 있으며, 경영 영역에서는 세분화된 기존 시장에서의 철수, 제품 및 서비스의 차별화, 비용절감 등을 통한 타 경쟁사 제품 대비 원가우위 경쟁전략 도입 등을 실행할 수 있다(그림 2-6 참조).

세 번째로, 생태계 정의는 가치사슬 네트워크를 분석하는 것으로 새롭게 만들어질 생태계의 미래지향적이고 강건한 공동체의 모습(To be Model)을 제시하는 작업으로 볼 수 있다.

해당 생태계의 가치사슬 내 협업자들이 이익극대화와 손실 최소화를 위하여 모두가 납득할 만한 공유된 목표를 설정하여, 새로운 협업자 발굴 및 추가, 협업자의 역할 수정, 새로운 이해관계를 구성하는 등 궁극적으로는 시간이 지남에 따라 생태계 내의 협업자들 모두의 가치 향상을 추구하는 것이다.

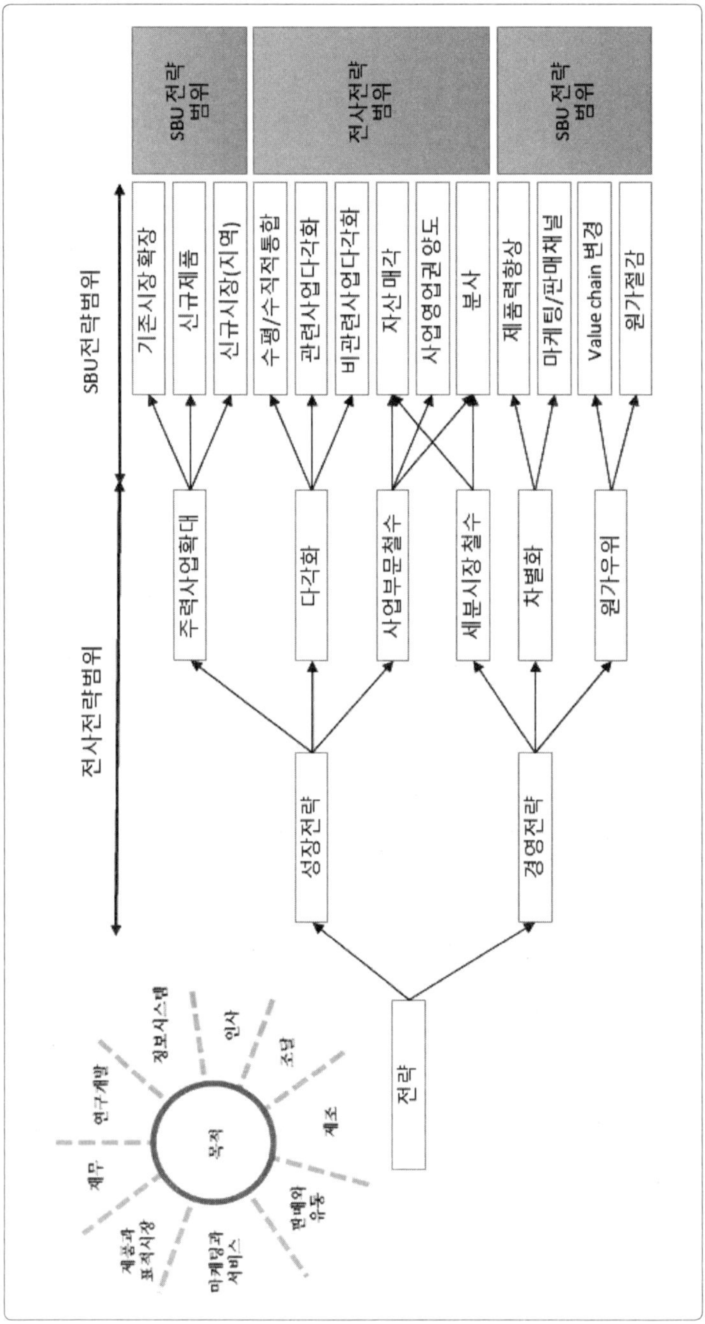


〈그림 2-6〉 일반적인 전략의 틀

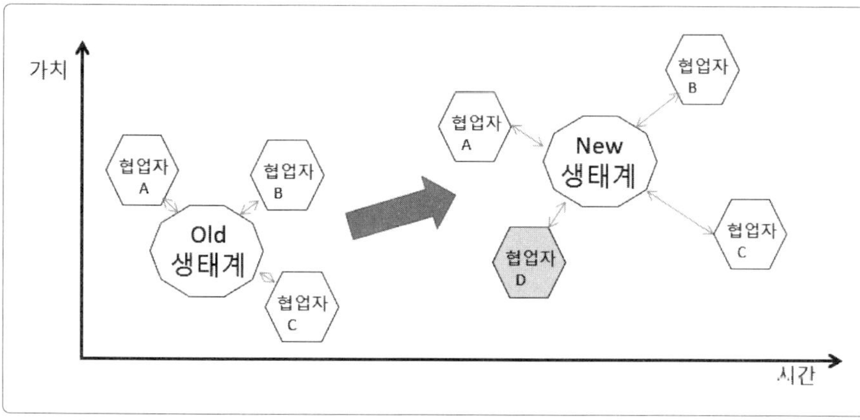


〈그림 2-7〉 비즈니스 생태계

네 번째로, 가치공유체계는 공통의 비즈니스 모델을 제안하는 작업으로, 비즈니스 모델 캔버스를 도구로 활용할 수 있다.

비즈니스 모델 캔버스(Business Model Canvas)는 알렉산더 오스왈드가 그의 저서 「비즈니스 모델 제네레이션」에서 제시한 경영학적 도구로써, 하나의 기업 혹은 시장에서의 비즈니스 모델 기획을 돕고, 구현 원리를 압축적으로 표현하고 있다. 예컨대 끊임없이 변화하는 비즈니스 경쟁시장에서 살아남기 위한 방법을 알려주고, 자신의 비즈니스 모델이 과연 고객에게 제대로 된 가치를 제공하고 있는지, 또는 이러한 아이디어가 실제 가능할 것인지 점검하고 계획을 구체화하여 아홉 개의 블록에 적어 한눈에 자신의 비즈니스 모델을

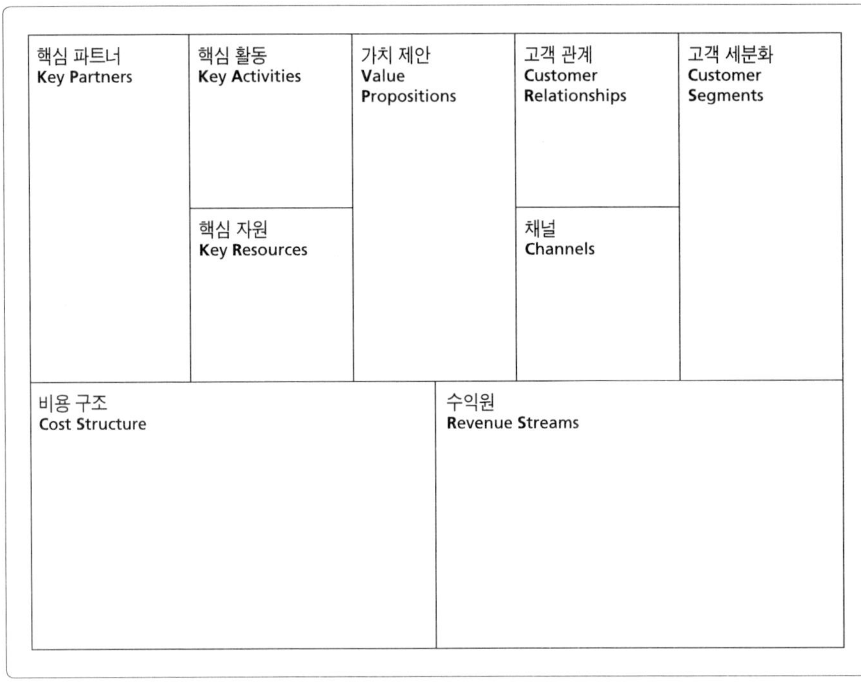


**〈그림 2-8〉** 9 Building Blocks

볼 수 있게 한다는 장점이 있다.

다섯째로 플랫폼 설계에서는 공유된 가치 실현을 위해 도출된 비즈니스 모델을 플랫폼의 하위 구성요소인 네트워크 플랫폼, 물리적 플랫폼, 논리적 플랫폼으로 생태계를 연결하는 작업이다.

플랫폼은 선순환 생태계를 운영하기 위해 필수적으로 필요한 협

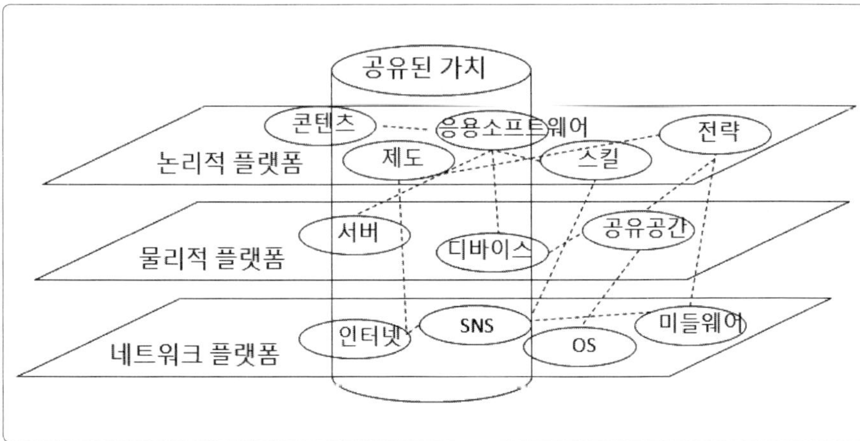


〈그림 2-9〉 Platform Layer

업의 공간을 의미한다. 다양한 이해관계자의 협업이 잘 이루어질 수 있도록 기능적 시스템을 구성하는 것이다. 그러므로 공유가치를 전제로 비즈니스 모델 및 생태계에 대한 설계가 선행된 후 플랫폼에 대한 기능이 개발되어야 한다.

여섯째로 제도 개선에서는 공유경제 체제로 전환하기 위한 제도 혁신을 연구하는 작업이다.

구체적으로 해당 정책의 보완, 서비스 품질 개선 및 표준화 기준 마련 등과 같은 해당 생태계에 관련된 제도를 분석하고 이에 대한 문제점과 대안을 마련하여 법제도를 개선하는 작업이다. 이를 통해

공유경제 패러다임의 신산업개발/산업혁신을 위한 서비스 중심의 공유경제체제에 부합하는 경제정책을 연구하여 국가경제정책 수립에 기여할 수 있다.

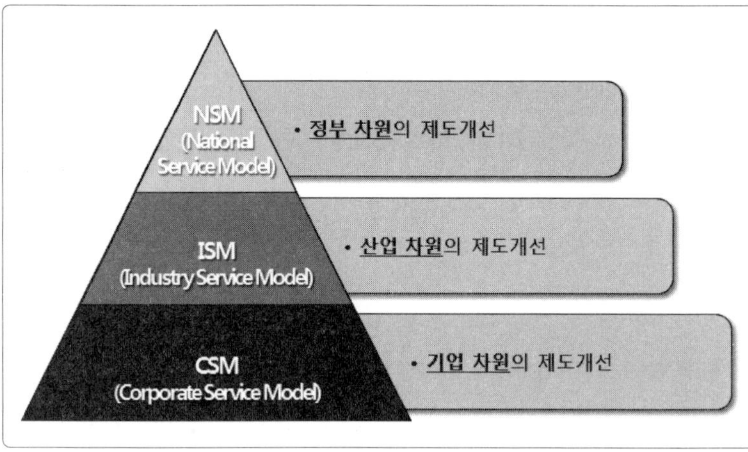


〈그림 2-10〉 제도개선의 세 가지 종류

일곱 번째로 서비스 구현은 제품과 같은 관점으로부터 취해졌을 때의 소프트웨어 기획, 개발에서 사용에 이르기까지 일련의 시간적인 경과 및 피드백 작업을 의미한다.

즉, 서비스의 구현은 시장에서의 소비자 반응, 외부 전문가의 진단, 성과 측정 등을 통해 개선되어야 할 절차 요소를 짚어내는 것이

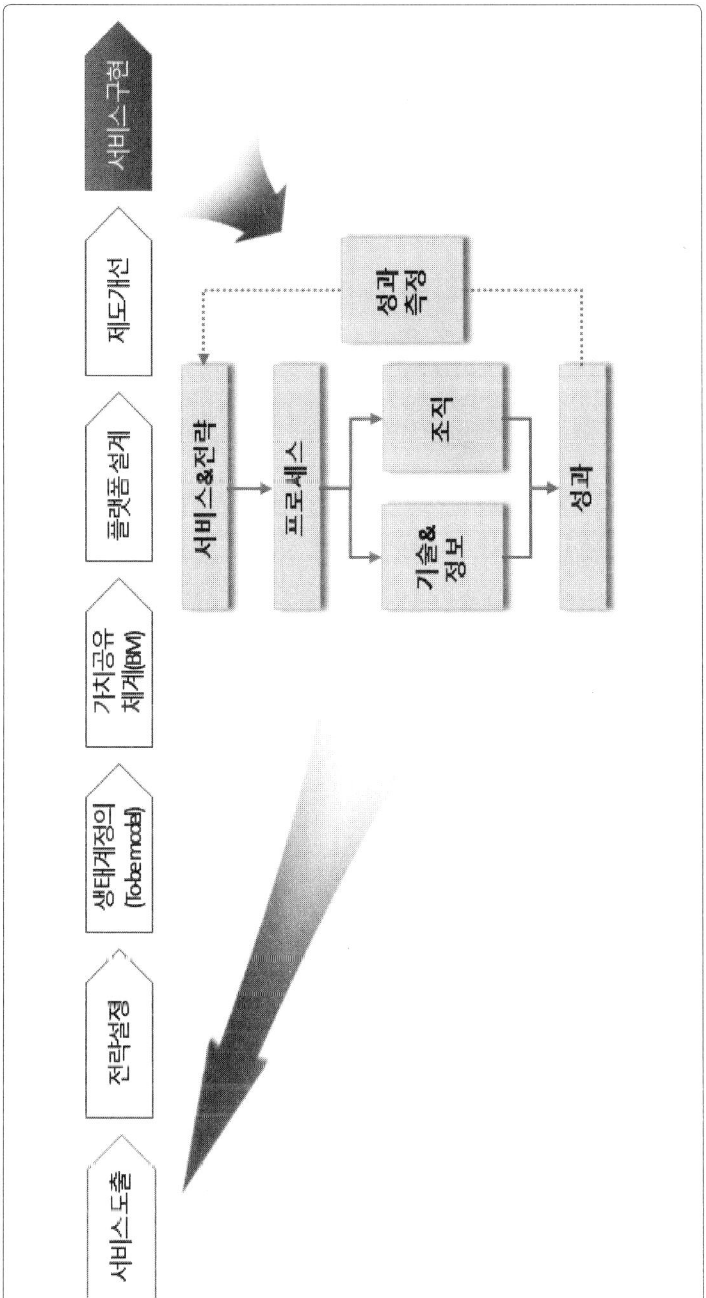


〈그림 2-11〉 에코사이언스 적용 프로세스

다. 이를 통해 사업 타당성과 이해관계자의 요구사항을 지속적으로 보완하여 사업의 성과를 높이고 생태계가 건강하게 지속될 수 있는 원동력을 확보하는 과정이다.

## 2-2 에코사이언스 적용 예시: 네슬레

에코사이언스는 새로운 서비스를 기획하고자 할 때 적용할 수 있는 단계별 과업을 정의한 것이다. 한편 하버드대의 마이클포터 교수가 제시하고 있는 공유가치창출(CSV)은 상품의 경쟁력을 확보하기 위한 비즈니스 전략으로서 기업이 사회와 함께 상품 혹은 서비스의 제공 과정에 참여하는 것이다.

CSV를 실행하기 위한 행동지침이나 방법론으로 구체적으로 제시된 것은 없다. 이 책에서는 공유가치창출의 대표적인 성공사례로 마이클포터 논문에서 언급되었던 네슬레의 사례를 에코사이언스의 관점에서 7단계로 재구성해보았다. 에코사이언스의 이해를 돕고자 인터넷에 공개된 네슬레의 정보에 기반을 두어 개략적으로 구성한 것이니만큼 정보에 오류가 있을 수도 있음을 미리 밝혀둔다.

네슬레는 고품질의 커피 원두를 확보하기 위해서 커피농가들에게 기술을 지도하고 금융을 알선하였으며 농가의 지속가능경영을 지원하기 위하여 NGO인 친환경열대우림동맹과 함께 품질 인증시스템을 개발하여 협력하였다. 자체적으로는 플랫폼의 일부분이라고 할 수 있는 커피농가 직접구매시스템을 구축하였다.

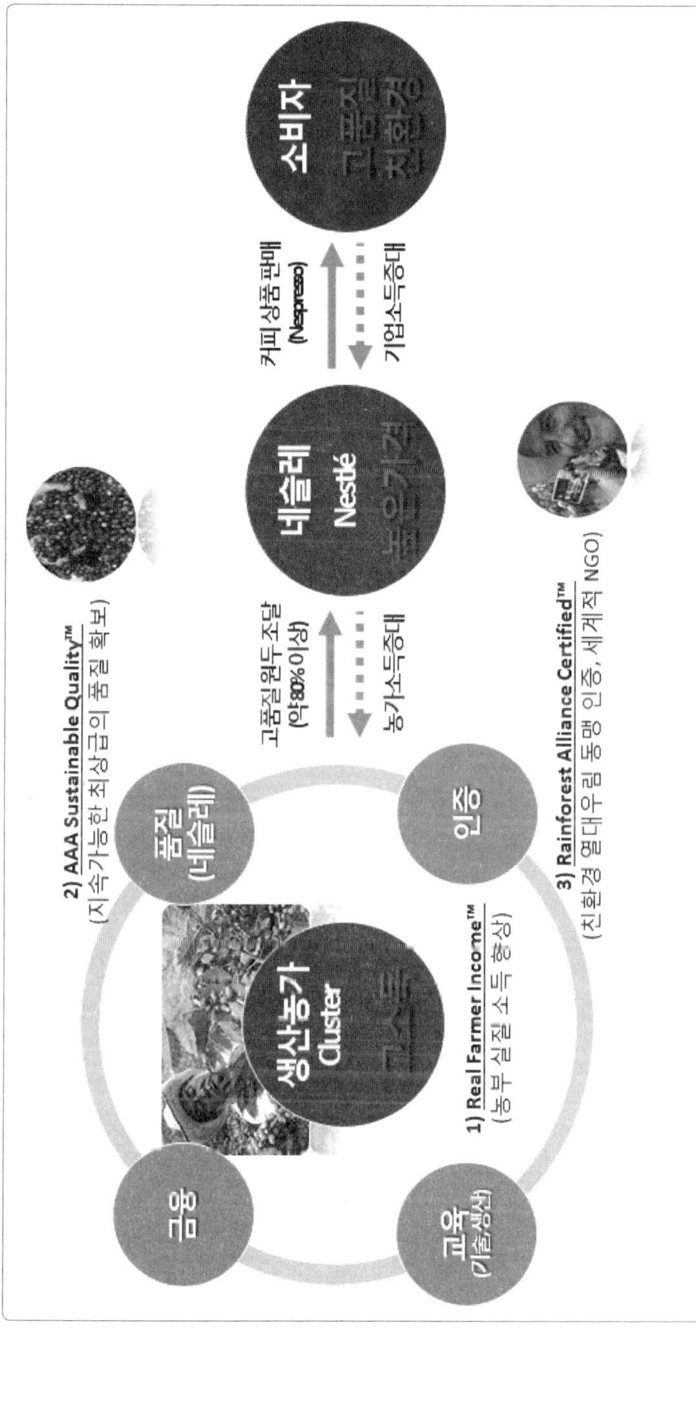


〈그림 2-12〉 네슬레의 공유가치창출 시스템

공유가치창출(CSV)의 대표적인 사례로, 산업의 변화 방향을 파악하여 지속 가능한 혁신 플랫폼으로서의 기능을 수행하고 있다. 그 결과로 현재 52,000 농가가 네슬레의 지속가능 품질프로그램(Nespresso AAA Sustainable QualityTM)에 가입하고 있으며 농가의 소득이 300% 증대되었다.

네슬레의 사례를 에코사이언스의 7단계 세부 분석 절차에 맞추어 도식화하면 다음과 같다.

## 1) 서비스 도출

네슬레의 상품은 "고품질, 친환경 커피공급 서비스"라고 정의를 내릴 수 있을 것이다. 전 세계 어디서나 안전하고 품질 높은 수준의 커피 제품을 제공함으로써 네슬레는 더 좋은 경쟁력을 유지할 수 있는 것이다(그림 2-13 참조).

## 2) 전략 설정

네슬레의 가장 큰 전략은 공유가치창출이라고 할 수 있다. 여러 기관들이 협력에 의해서 다른 기업이 흉내 내기 힘든 고품질의 서비스를 제공하는 것을 "공유가치창출 전략"이라고 할 수 있을 것이다.

세부적으로는 신제품출시, 혁신적인 파트너쉽, 원가절감 등 일반적으로 기업들이 취할 수 있는 전략들을 기업의 상황에 따라서 수립하여 실행할 수 있을 것이다(그림 2-14 참조).

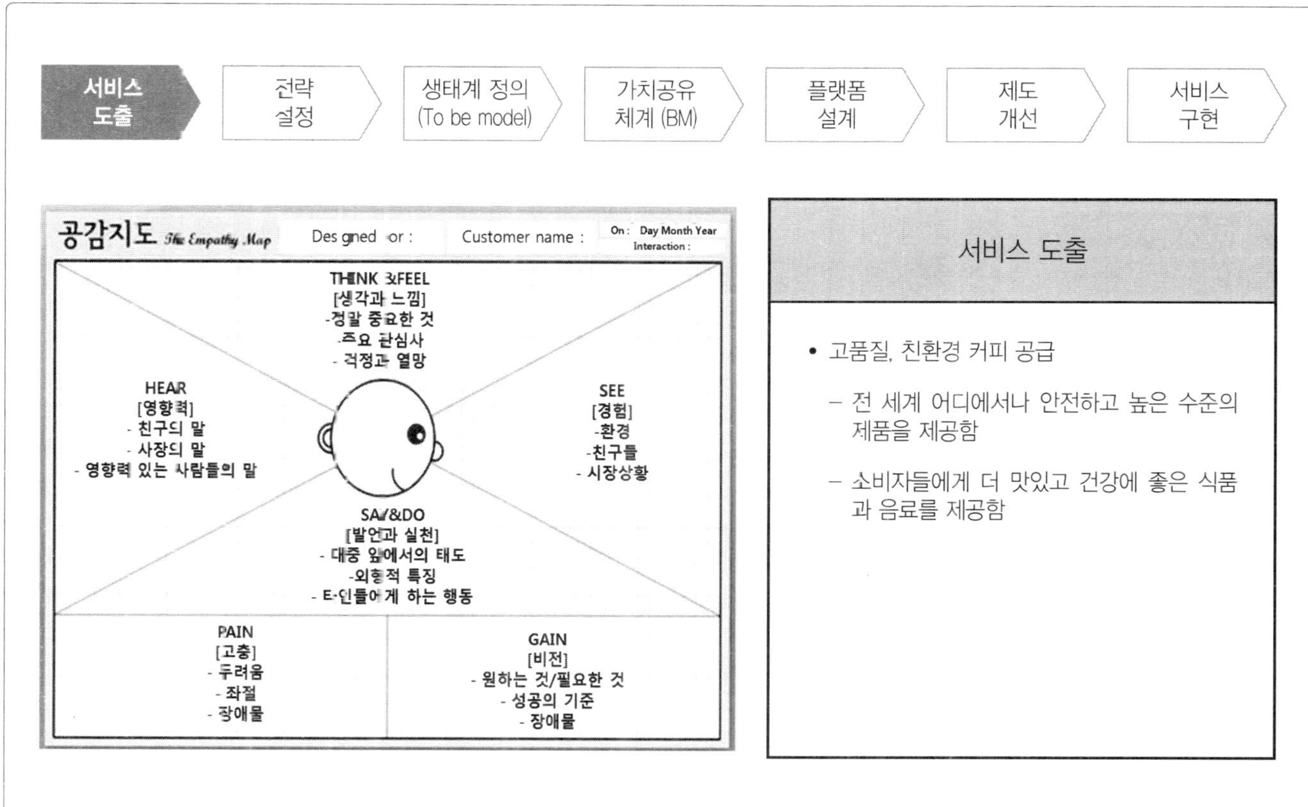


〈그림 2-13〉 네슬레의 서비스 정의(예시)

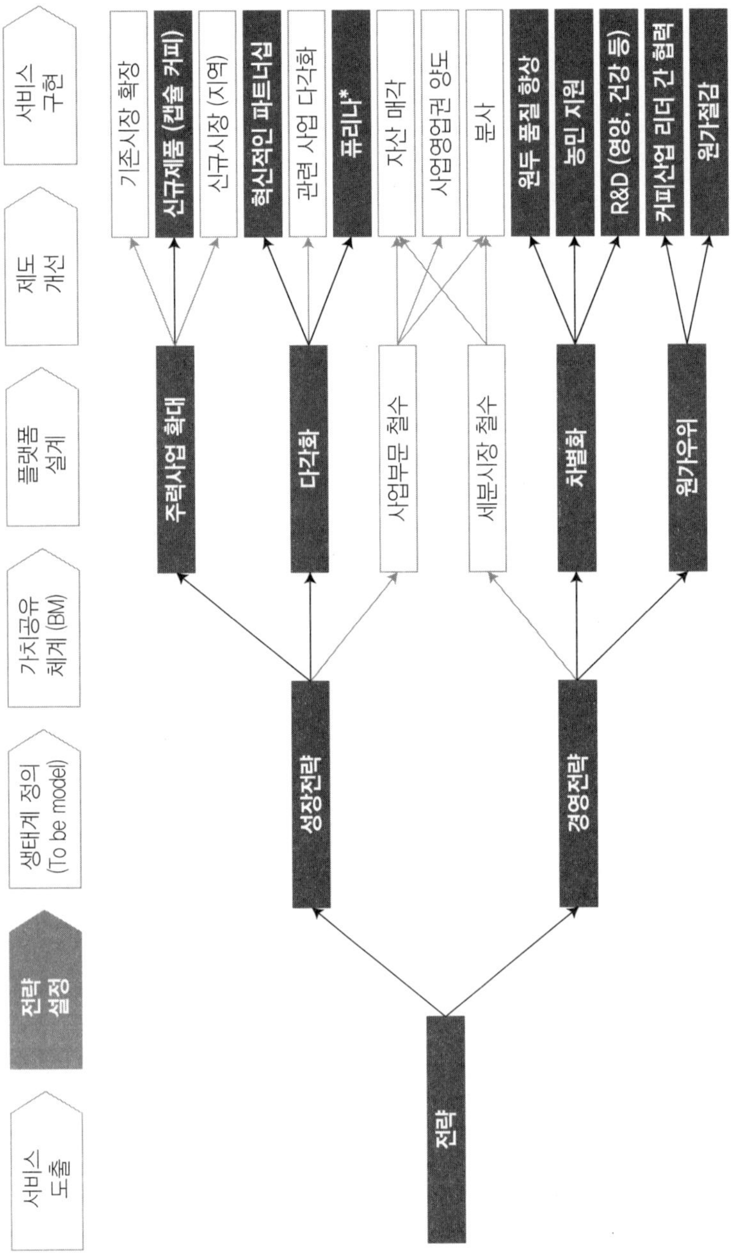


* 네슬레 퓨리나: 지난 80여 년간 끊임없는 연구와 축적된 기술을 바탕으로 영양가 높은 반려동물 식품 판매 브랜드.

**〈그림 2-14〉 네슬레의 전략(예시)**

### 3) 생태계 정의(To be model)

〈그림 2-15〉에서 왼쪽 아래 부분은 네슬레와 농가가 연결되어 있지 않음을 표현한 것이다. 즉, 대부분의 농가와 커피 제조기업은 서로 직접적인 관계는 없는 상태에서 커피 제조기업은 유통상을 통해서 원하는 품질의 커피를 구입하는 것이 관례인 것이다.

네슬레는 앞에서 언급한대로 네슬레의 지속가능 품질프로그램을 가동하여 농가와 긴밀한 관계를 유지할 뿐만 아니라 다른 협력기관들과도 긴밀한 유대관계를 유지하여 고급 원두를 확보하는데 있어서 공동으로 협력하고 있는 것이다.

네슬레, 농가, 지역사회의 기관들이 협력하여 커피 서비스의 산

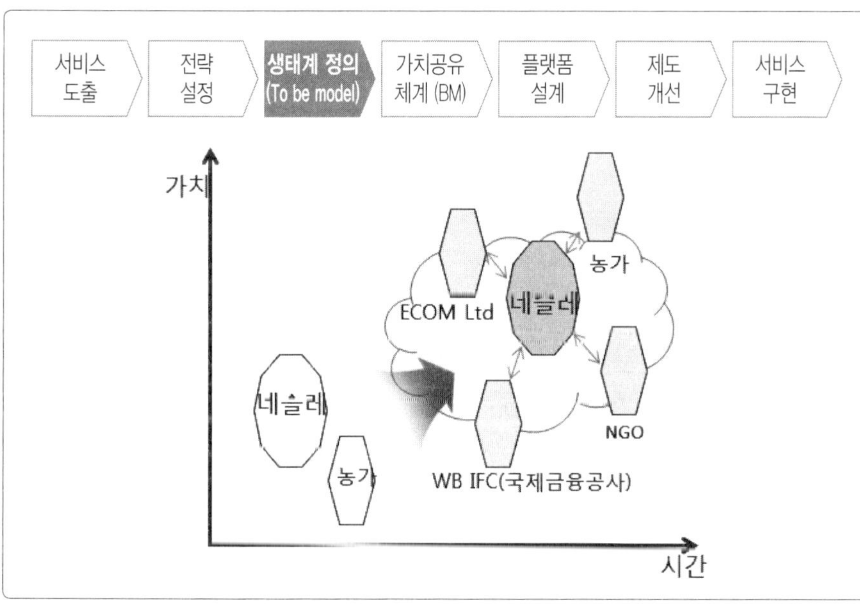


〈그림 2-15〉 네슬레가 구축한 비즈니스 생태계(예시)

업 생태계를 구성하여 협력함으로써 고급 커피시장에서 새로운 가치를 창출하고 그 가치를 관련 기관들이 역할에 따라서 적절하게 공유하는 시스템을 구축한 것이다.

### 4) 가치공유체계(BM)

네슬레가 구축한 비즈니스 시스템을 9 빌딩블록에 맞추어서 그 일부를 예시로 들어 보자면 먼저 가치제안은 서비스도출 과정에서 만들어진 "고품질, 친환경 커피공급"이라고 할 수 있다.

핵심 파트너들로는 ECOM Ltd, Rainforest Alliance(NGO), WB IFC(국제금융공사), 참여 농가 등을 들 수 있으며 핵심자원으로는 AAA Program, 참여 농부, 친환경 커피 재배 기술 등을 예로 들 수 있다.

핵심활동에는 수많은 것들이 있겠지만 농부교육, 품질평가, 지속가능경영성과 측정, 품질향상을 위한 R&D 등을 들 수 있을 것이다.

### 5) 플랫폼 설계

네슬레의 플랫폼에 대해서는 공개된 자료가 없어서 정확히 설명할 수 없지만 논리적 레벨에서는 평가시스템, 인증시스템 등을 들 수 있을 것이다. 네슬레가 자랑하고 있는 커피농가 직접구매시스템은 ICT 플랫폼의 일부로 작동하고 있을 것이다(그림 2-17 참조).

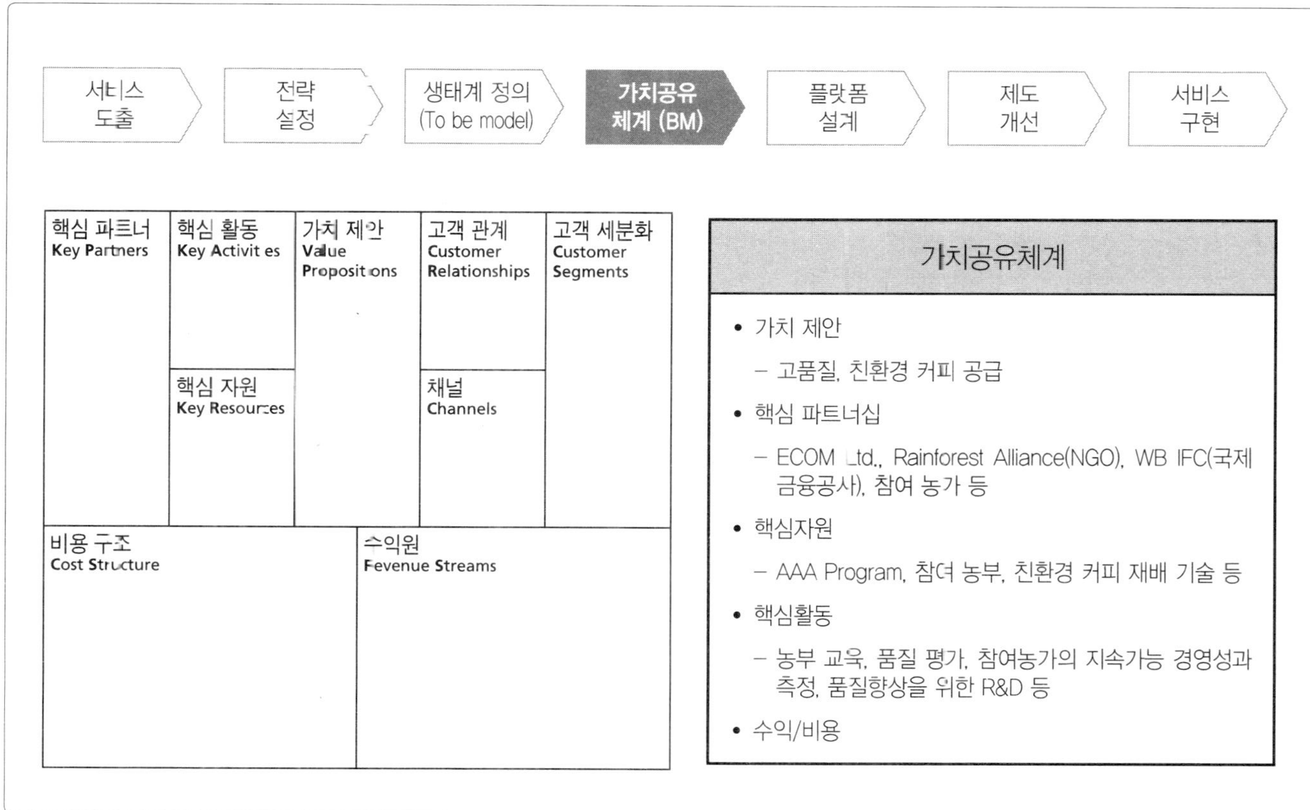


〈그림 2-16〉 네슬레의 비즈니스 모델

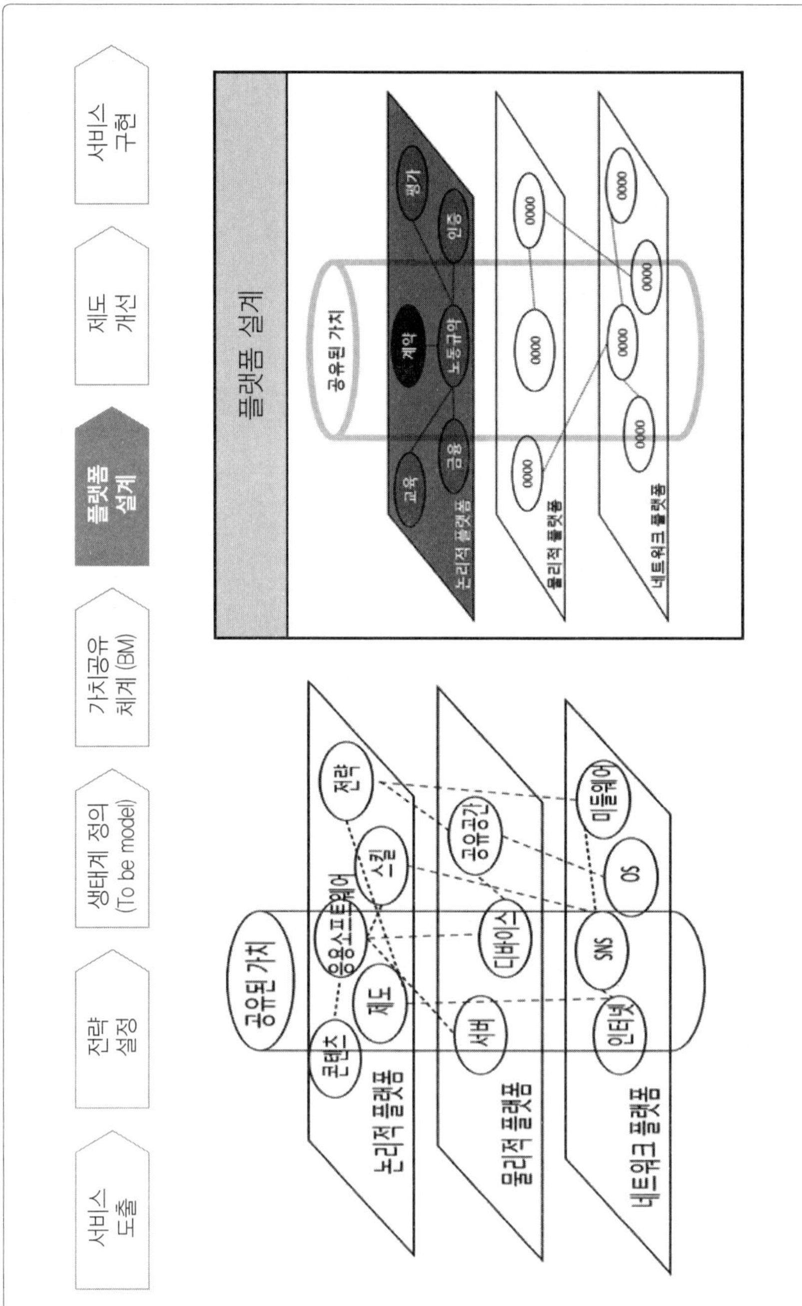


〈그림 2-17〉 네슬레의 플랫폼

### 6) 제도 개선

새로운 서비스를 기획했다면 제도개선이 필요한 것인지를 살펴보아야 한다. 그것이 기존의 시장에 존재하고 있는 서비스를 소폭 개선한 것이라면 제도개선까지야 필요 없겠지만 혁신적인 서비스는 대부분 기존 시장의 질서와 충돌이 있을 가능성이 높다. 예를 들어서 휘발유 자동차가 중심인 자동차 시장에 전기자동차를 출시하기 위해서는 제품규격, 안전기준, 서비스 수준 등 거의 모든 분야를 점검해야 한다.

네슬레의 사례에서도 커피생산국의 각종 법규, 산업정책 등에 있어서 기존의 질서를 개선했을 것으로 보인다. 〈그림 2-18〉의 예시에서는 투자 및 조달관행, 차별금지, 단결권 및 단체교섭권, 아동노동 문제 등이 언급되어 있다. 기업차원의 제도개선으로는 네슬레 자체적으로 만든 품질관리 시스템을 예시로 들었다.

### 7) 서비스 구현

네슬레의 경우 위에서 설명한 공유가치창출시스템이 실제로 작동하게 만드는 것이 서비스의 구현이다. 실제로 수많은 농가들이 네슬레의 시스템에 따라서 커피를 직접 공급하는 것이 획기적인 서비스라고 할 수 있다. 네슬레가 커피를 제조하여 시장에 공급하는 것은 전체 시스템에서 매우 중요한 것이지만 그것은 오래전부터 해오던 서비스이고 공유가치창출시스템에 의해서 농가의 커피를 직접 공급하는 것은 원료의 안정적인 확보라는 측면에서 네슬레에도 많은 변화를 초래하였을 것으로 보인다.

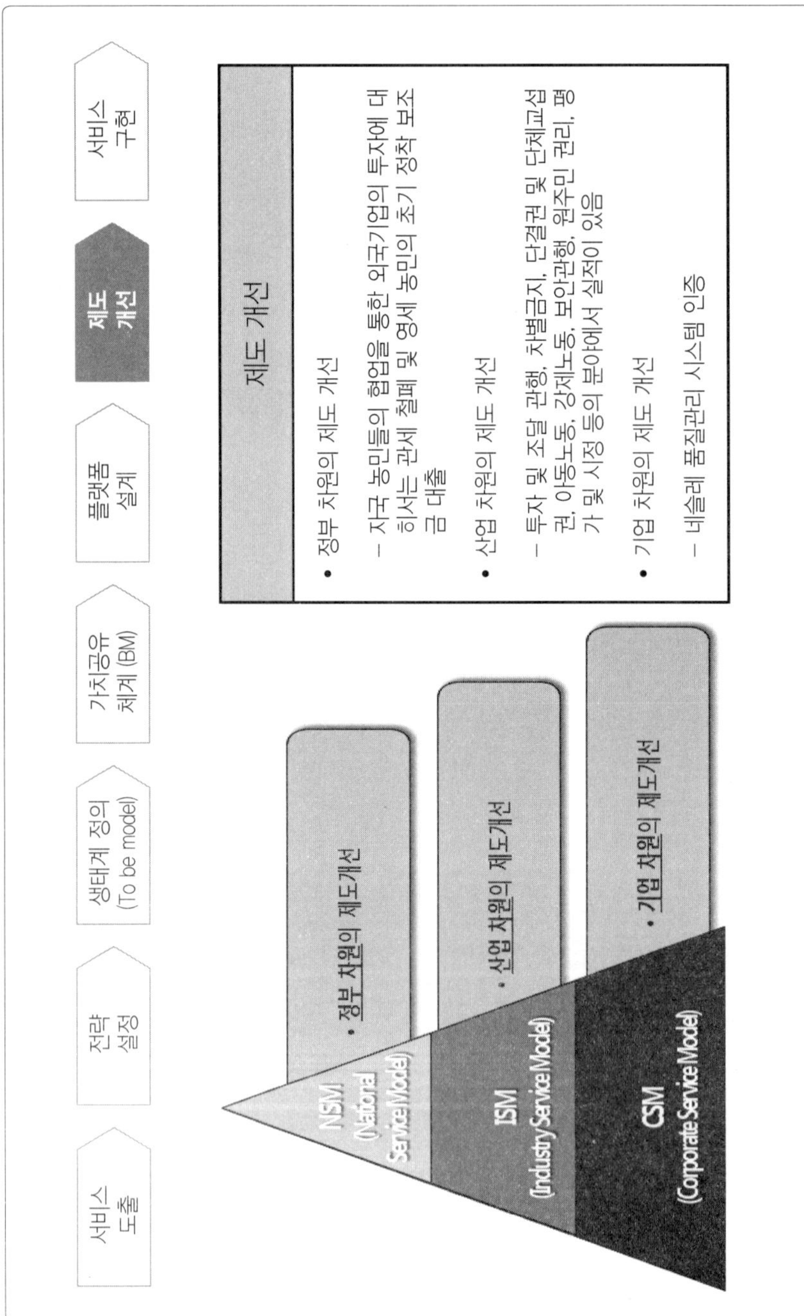


〈그림 2-18〉 네슬레의 제도개선(예시)

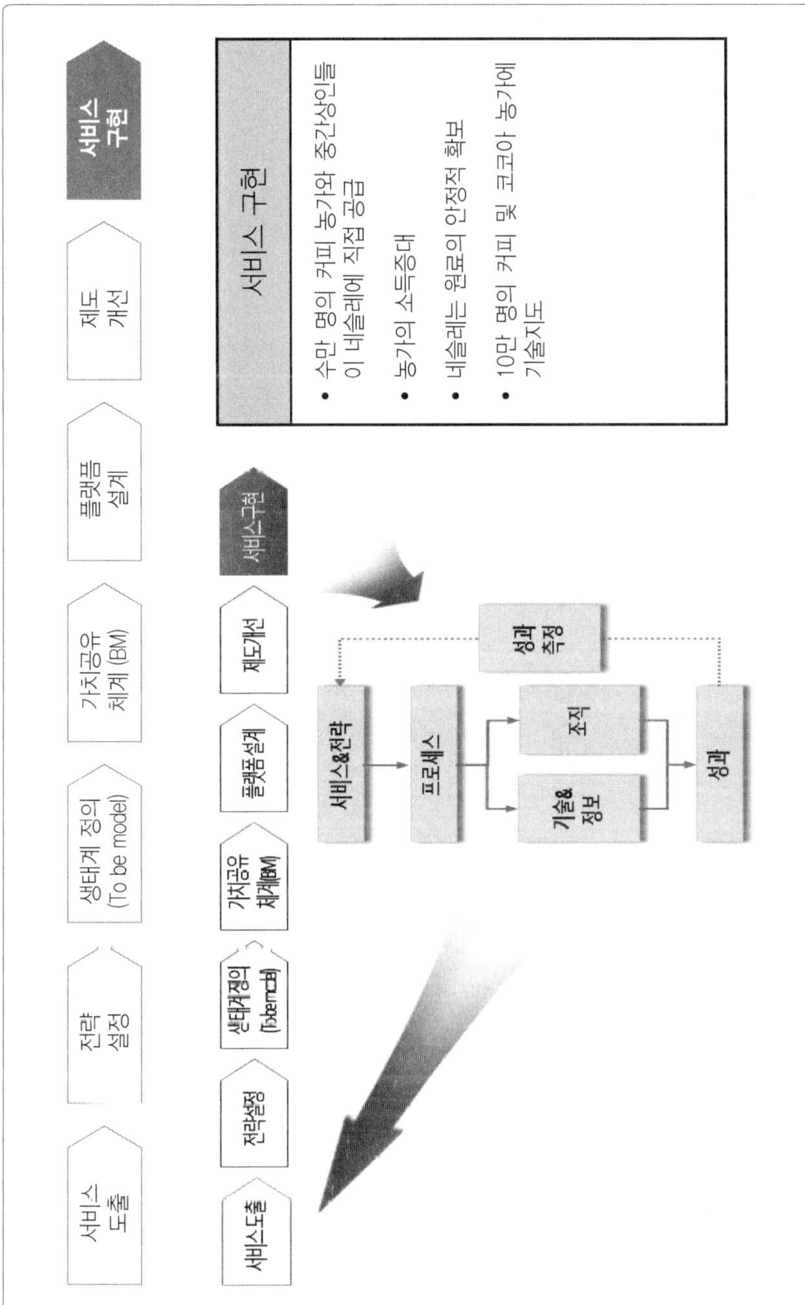


〈그림 2-19〉 네슬레의 서비스 구현

지엽적이기는 하지만 농가에 기술 지도를 하는 것도 전체 서비스를 완성하는 데 있어서 중요한 요소이다.

## 8) 성과 및 시사점

〈그림 2-20〉은 코트디부아르의 커피농부인데 네슬레에 협력하고 있는 농부로서 네슬레의 홈페이지에 소개되어 있는 사례이다. 이 농부는 5배 이상의 생산량 증대를 이루었고, 네슬레의 공유가치창출시스템은 협력농가의 소득을 약 300% 증대시켜 주었다.

네슬레는 새로운 서비스시스템을 완성함으로써 고품질의 커피서비스로 시장에서 지위를 확고히 하였으며, 이 시스템을 통하여 커피 생산국의 일자리문제, 소득문제 등 각종 사회문제 해결에 기여하였다.

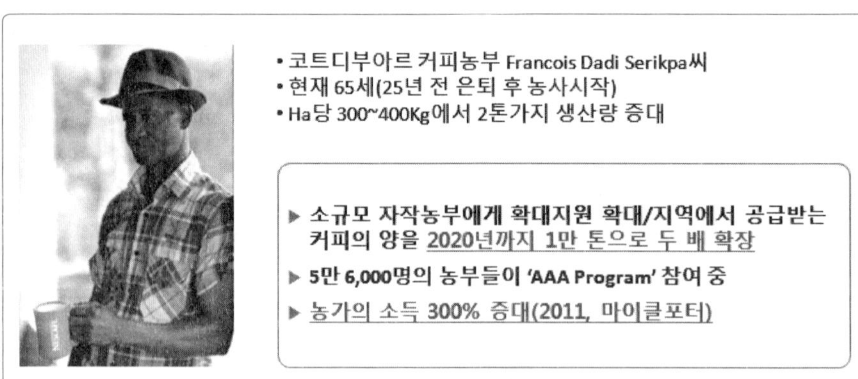


〈그림 2-20〉 네슬레 공유가치창출시스템의 효과

ECO SCIENCE
strategy of
new paradigm



# 3

# 사례탐구 I

## 3-1 농업의 혁신 방향

〈그림 3-1〉의 왼쪽에는 우리나라 농업이 안고 있는 고질적인 문제점들이다. 오래전부터 제기된 문제들인데 아직도 같은 문제들이 계속되고 있는 것이다. 한편 그림에서 오른쪽은 우리나라 농업의 지향점이다. 더 많은 좋은 목표가 있기는 하지만 일단 간단하게 정리해 본 것이다. 이 현황과 원하는 목표의 차이를 줄이는 방법은 없을까?

정부에서는 다음과 같은 농업의 부가가치화를 통해 농가의 소득 증대 및 지역경제 활성화를 하겠다고 해결방안으로 6차 산업화를 제시하였다.

**"새로운 부가가치 창출 활동을 위한 농업의 6차 산업화, 그러나 체계적인 접근법은 부재"**

이미 일본에서 6차 산업화에 대한 시도들이 이루어졌으나, 일부 성공하였지만 상호연계성이 부족하여 실패하는 사례가 증가하였다. 우리나라에서 제시한 농업의 6차 산업화도 일본의 사례를 벤치마킹하는 수준이며, 체계적인 접근 방법이 부족한 실정이다.

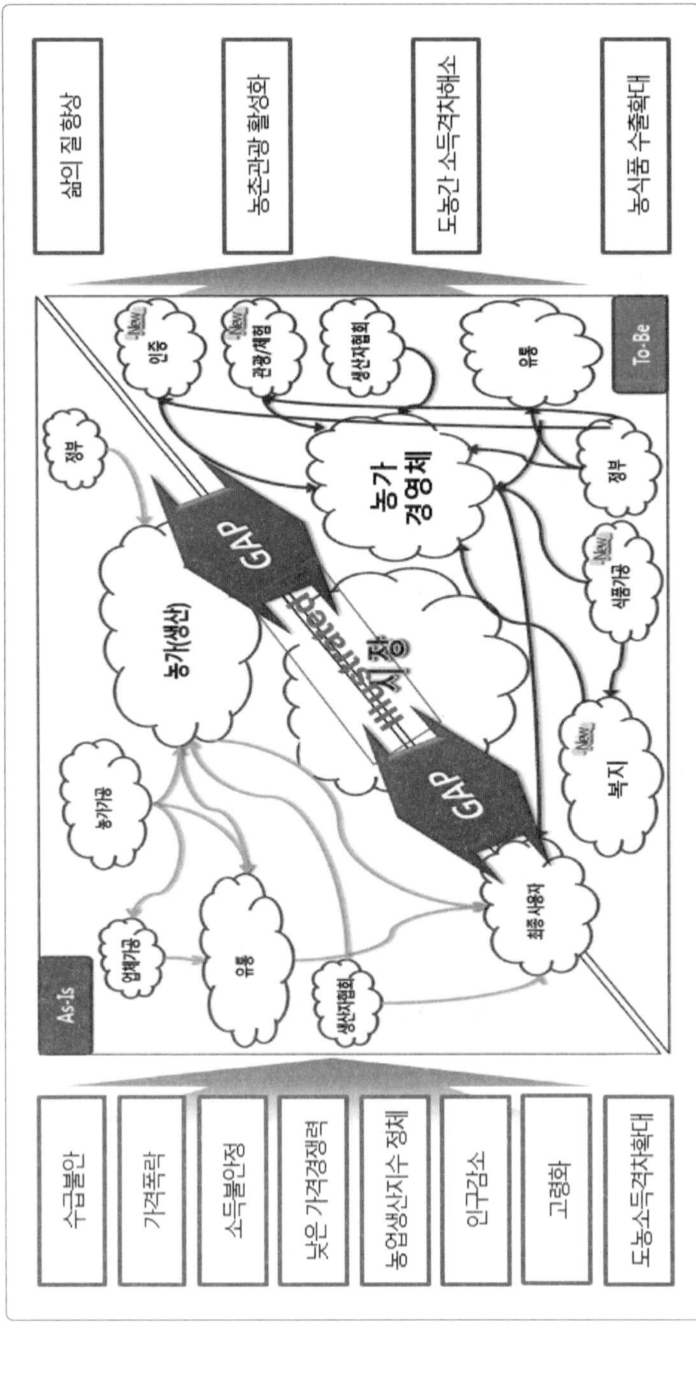


〈그림 3-1〉 농업의 문제점과 발전 방향

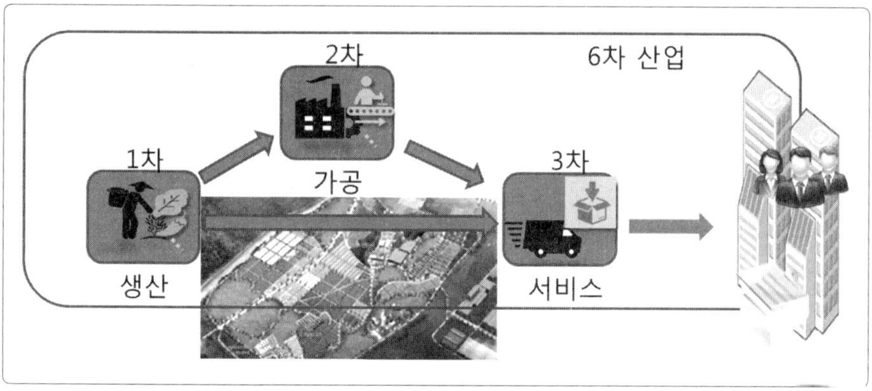


〈그림 3-2〉 6차 산업화의 개념도

6차 산업화의 맹점을 이해하기 위해서 먼저 6차 산업화의 개념을 다시 짚어보자. 농업의 6차 산업화는 농업생산(1차), 농산품가공(2차), 농산품 유통 등을 포함한 서비스(3차)를 유기적으로 연계(1차 × 2차 × 3차)하여 새로운 부가가치를 창출하자는 것이다.

첫 번째 문제점으로는 6차 산업화를 추진한 배경에서 찾아볼 수 있다. 1차인 농업생산물이 그 자체만으로는 부가가치가 없기 때문에 2차와 3차를 연계하자는 것이다. 과연 1차 농산물인 제스프리 키위가 부가가치가 없는가? 농업선진국에서 생산하는 유기농업이 경쟁력이 없는가? 우리나라는 1차 농산물이 농민이 투입한 가치를 살리도록 만들어주는 시스템이 제대로 작동하지 않는다.

두 번째 문제점으로는 특정 지역에서 생산된 농산물을 가공하여 상품화에 성공했을 때 그 지역 농산물을 사용하기 어렵다는 것이다. 가공품의 가격 경쟁력이 외국 농산물 가공품에 비해서 뒤떨어지거나 다른 경쟁 제품과 경쟁을 하기 위해서는 값싼 외국산 농산물로 눈길을 돌릴 수밖에 없기 때문이다. 그러면 1차가 2차와 결합하기 어렵다는 것은 자명하다.

세 번째 문제점은 더욱 분명해진다. 1차가 2차로 이어지기도 힘든데 3차까지 가기는 더욱 힘들다. 전문 장사꾼이 3차 사업에 성공했다고 했을 때 우리 농업이 성공했다고 할 수 있을까? 아니면 농민더러 농사보다 더 힘든 서비스업을 직접 하라고 해야 할까?

**"농정의 목표는 시대적 상황과 부합하지만 농정이 통합 서비스로 이어지지 않아서 정책의 효과성이 높지 않음"**

농식품부의 농정 목표는 항상 훌륭하였으나 농업의 현황은 수십

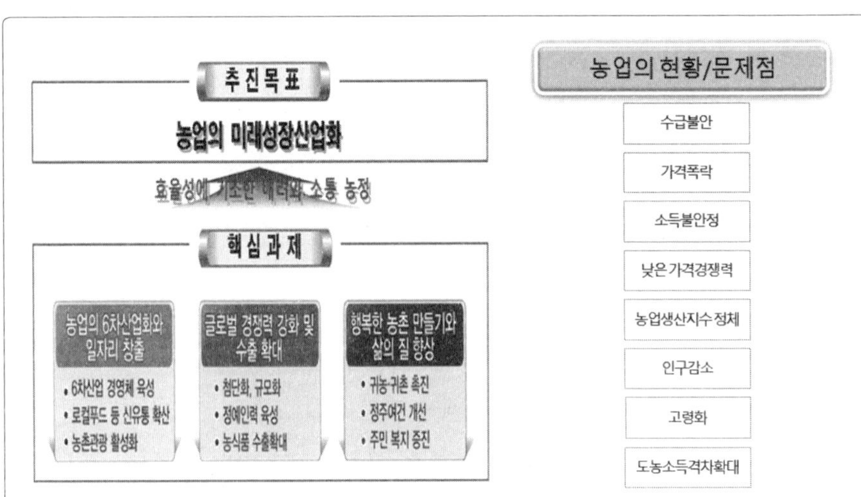


〈그림 3-3〉 농식품부 농정의 목표 (농림축산식품부, 2015)

년째 거의 바뀌지 않고 있다. 일자리 창출, 수출확대, 삶의 질 향상은 항상 좋은 목표라고 얘기할 수 있다. 그런데 왜 최종 목표가 '미래성장산업화'일까?

국내 농업은 제조업과 마찬가지로 Push형이었으며 FTA로 인하여 우리 농산물은 갈수록 코너로 몰리고, 일자리는 줄어들고 있다(그림 3-4 참조).

농식품부(농진청, 산림청 포함) 총 예산은 지속적으로 상승하고 있으며, R&D 비중 역시 증가하고 있는 추세이다. 또한 국가 전체 예산대비 R&D 비중은 점차 고정되고 있는 반면에 농식품부의 R&D 비중은 지속적으로 증가 추세에 있다(그림 3-5 참조).

농식품부 예산구성을 살펴보면 여전히 보조금 위주의 예산이 구성되어 있으며, 농가경영비 및 농업 소득 비중을 살펴보면 농가경영비의 지속적 상승으로 인해 농업소득은 지속적으로 감소하고 있음을 알 수 있다(그림 3-6 참조).

우리나라 국민들이 원하는 것, 시장에서 소비자가 농식품 구입시, 가장 우선적으로 고려하는 사항은 안전성, 원산지, 품질 등으로 나타났으며, 미래 농업 농촌에서의 중요한 역할은 '안전한 식품의 안정적 공급'의 비중이 가장 큰 것으로 나타났다.

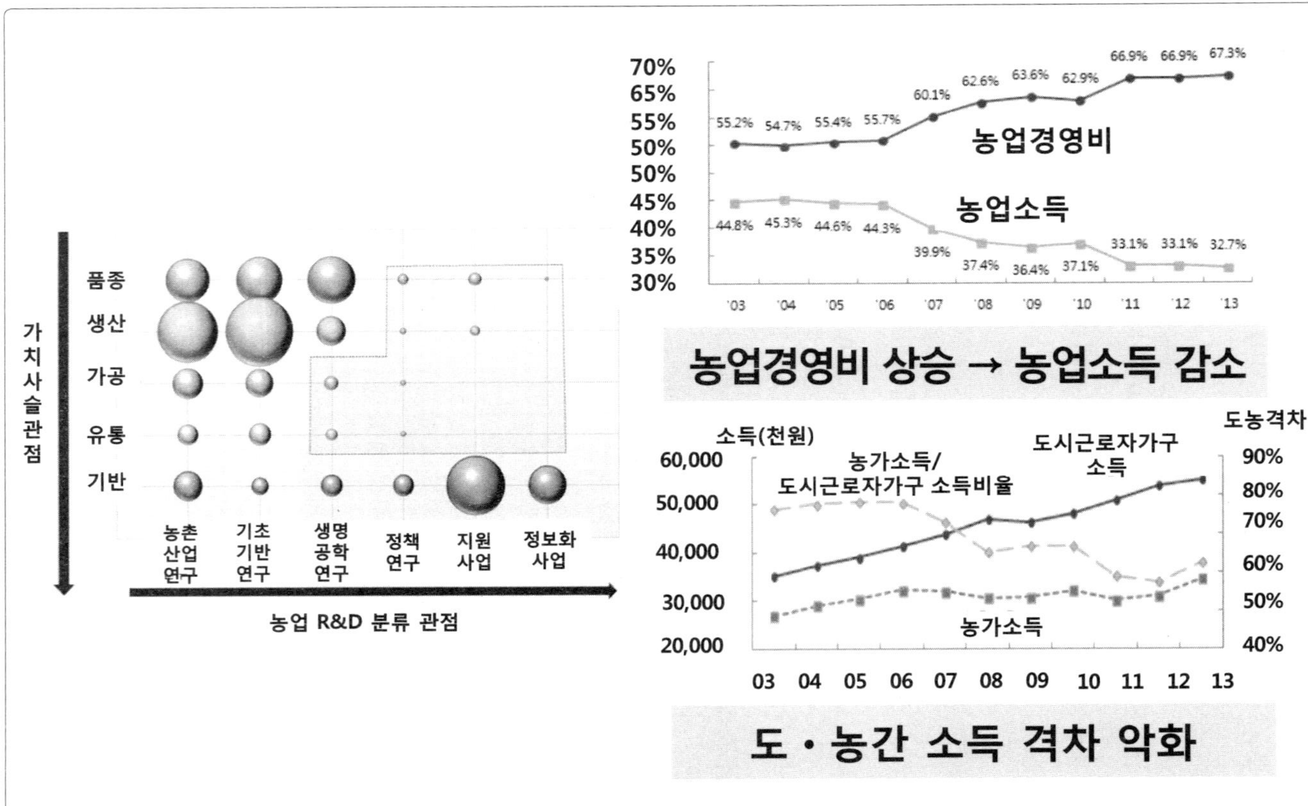


〈그림 3-4〉 농식품부 R&D 투자와 인프라 투자의 효과 (과학기술정책연구원, 2013; 한국농촌경제연구원, 2015)

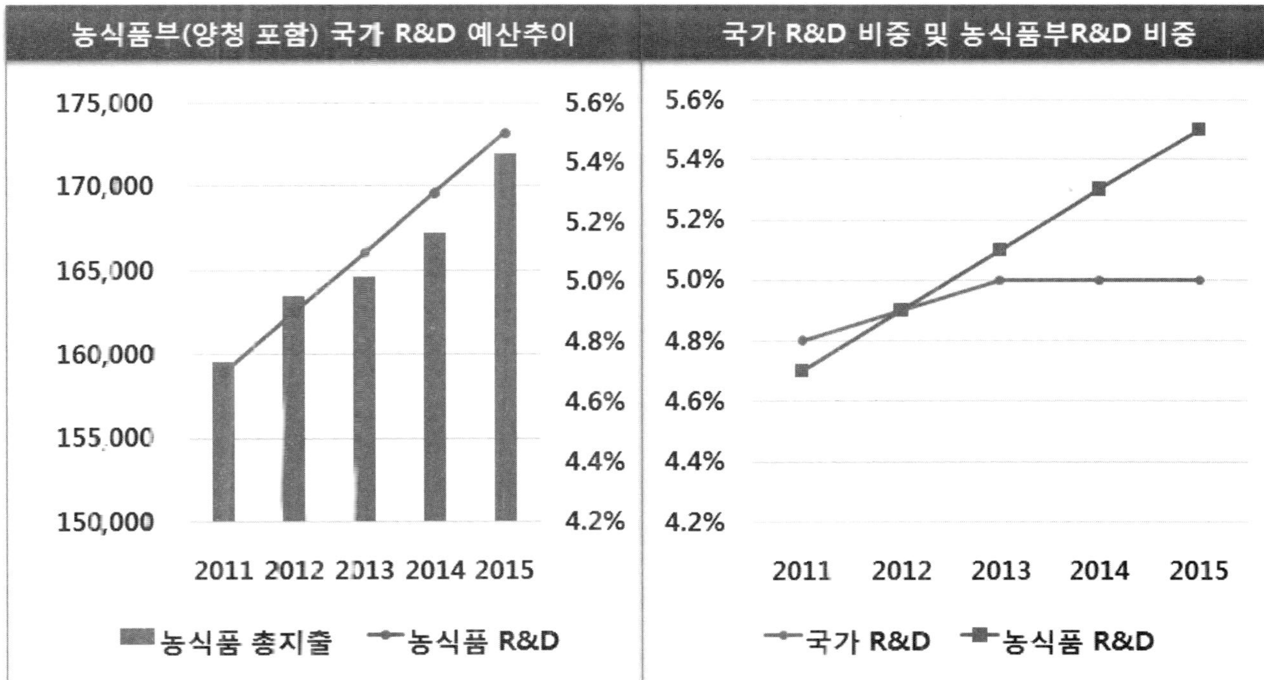


〈그림 3-5〉 농식품부의 국가 R&D 증가 추이 (농림수산식품 연구개발사업 통합정보서비스)

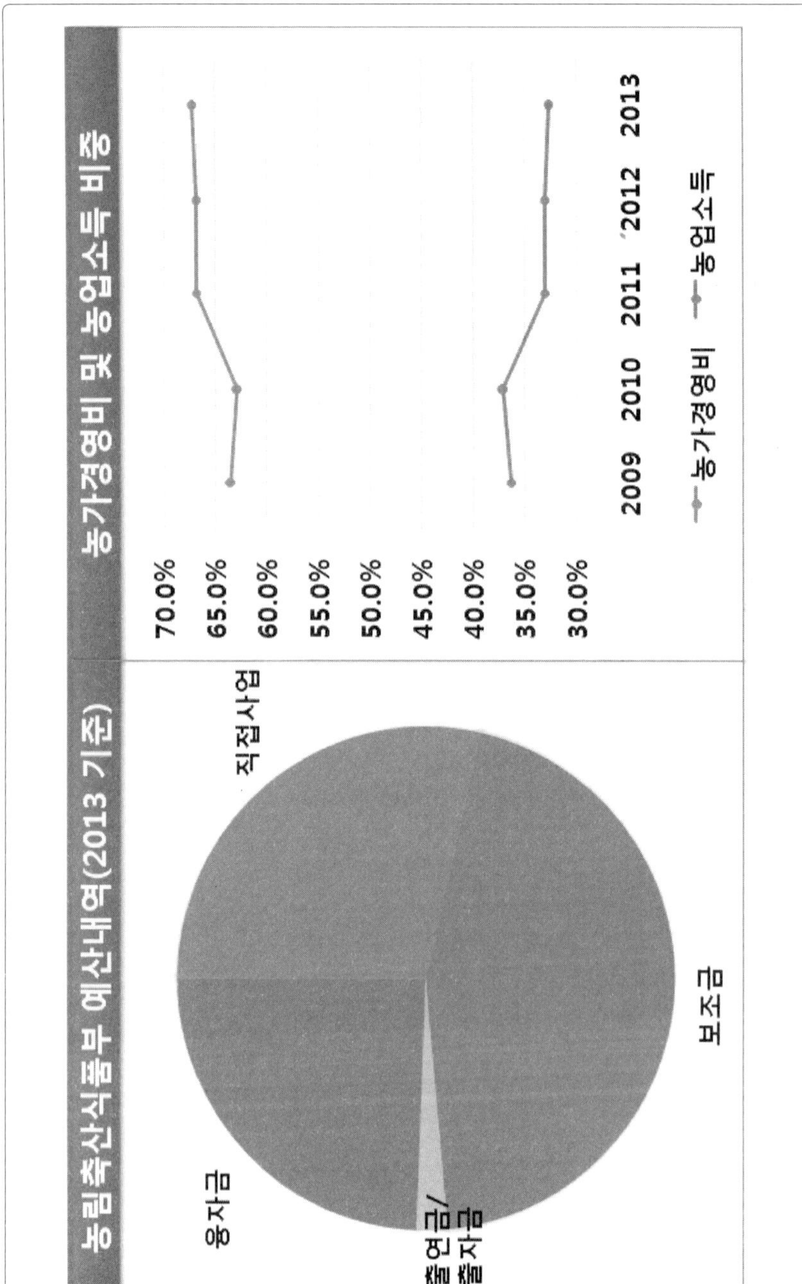


〈그림 3-6〉 농식품부 예산 내역과 투자의 효과 (농림축산식품부, 2014)

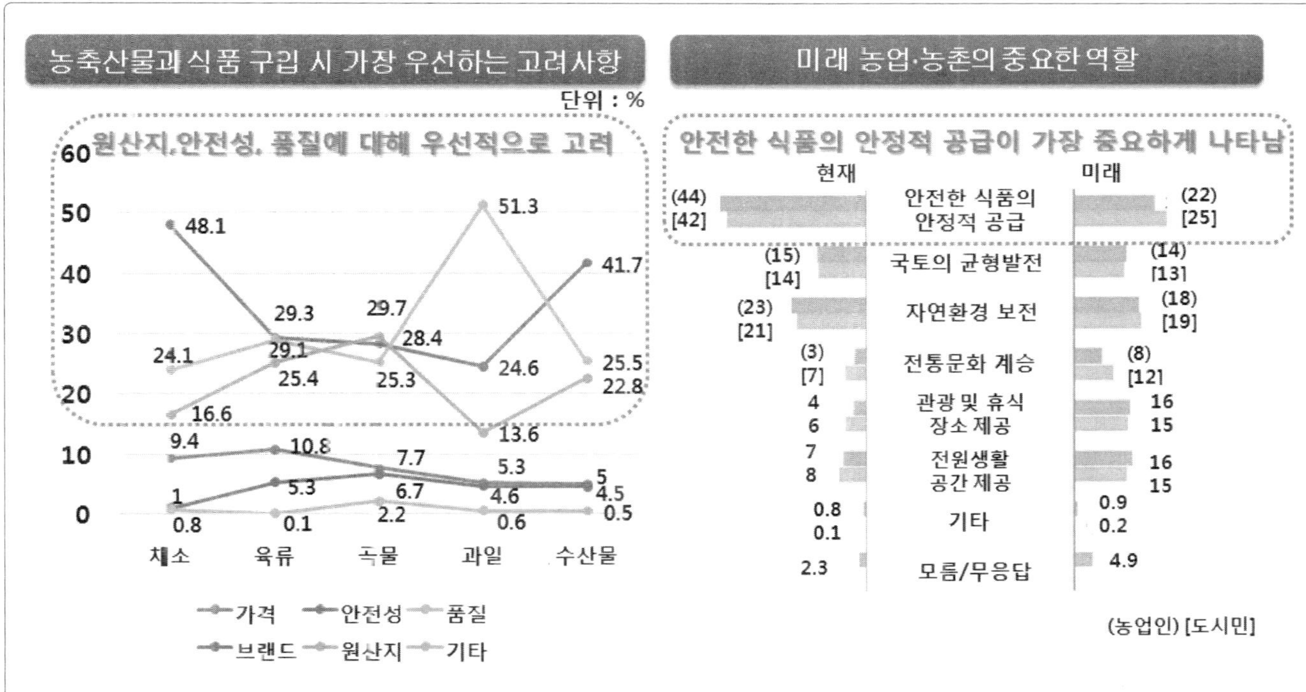


〈그림 3-7〉 농식품 구입 시 가장 우선하는 고려사항 (한국농촌경제연구원, 2014)

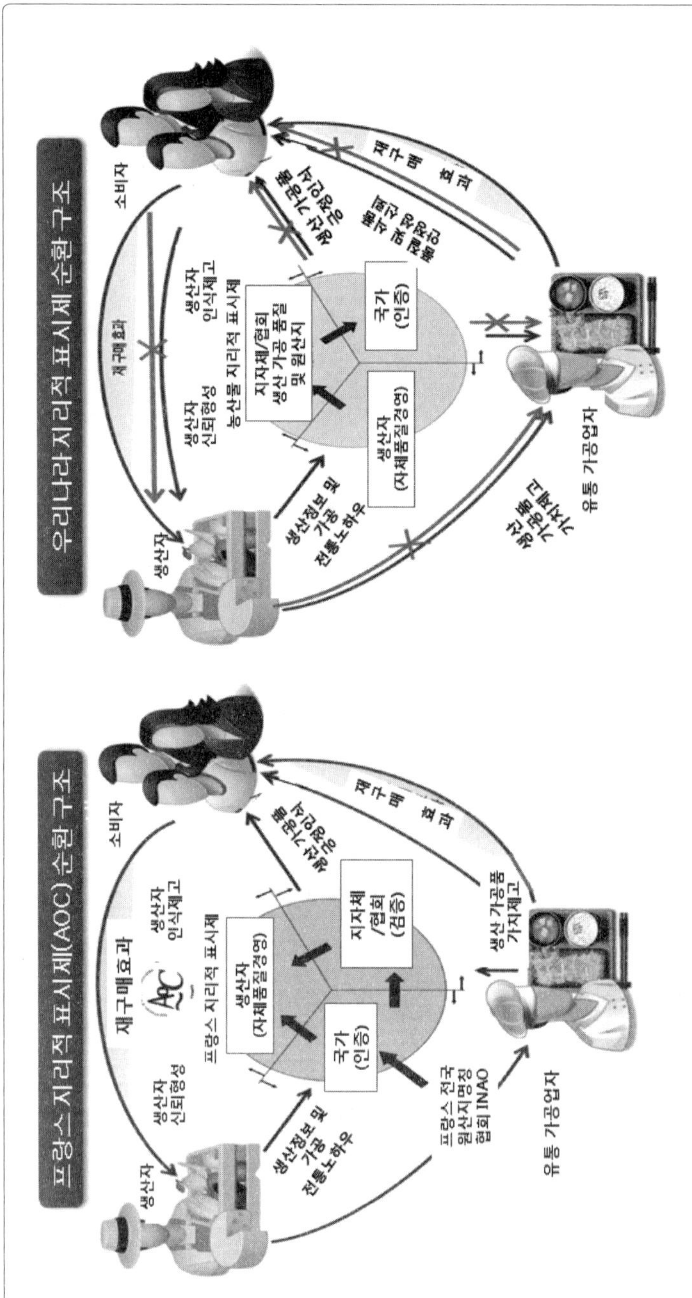


〈그림 3-8〉 지리적 표시제도 순환구조의 비교 (산업연구원, 2014)

**"선진국의 좋은 제도는 대부분 도입되었으나
우리나라에서 정착되지 못하는 이유는 어디에 있는가?"**

프랑스, 네덜란드, 벨기에 등 농업선진국에서는 잘 정착되어 있는 원산지 표시제도, 지리적 표시제도 등이 우리나라에서는 잘 되지 않고 있다. 〈그림 3-8〉에 잘 볼 수 있다. 생산에서 유통, 소비로 이어지는 과정이 선순환 생태계를 이루지 못하고 있다. 예를 들자면 지리적표시제도는 법률적으로 잘 만들어져 있지만 위반자에 대한 색출 및 처벌이 미약하기 때문에 생산과 가공 부문이 잘 연결되지 못하는 것이다. 이것은 다시 소비자 신뢰로 이어지지 못하는 결과를 초래한다. 인증서비스에 대한 생태계에 문제가 있다고 설명할 수 있는 부분이다.

농식품에 대한 인증 및 표시제도는 총3개 부처에서 37개의 제도가 운영 중이며, 관련 인증 및 표시제도 세분화가 복잡하게 되어 있어 소비자들에게 혼란을 가중시키고 있다(표 3-1 참조).

농식품 인증의 경우, 국립농산물품질관리원에서 통합적으로 관리하고 있음에도 불구하고, 각 서비스 별로 소개하는 페이지가 구분되어 있어 소비자에게 혼란을 가중시키고 있다(그림 3-9 참조).

**〈표 3-1〉 농식품 인증제의 종류**

| 구분 | 부처 | 종류 | 내용 |
|---|---|---|---|
| 인증 | 식품의약품안전처 | 7종 | • 건강기능식품 인증, 건식 GMP 인증, 방사선조사식품, 어린이 기호식품 품질인증, 식품이력추적, HACCP 인증, 축산물 HACCP |
| | 농림축산식품부 | 14종 | • 유기가공식품, 품질인증(농산물, 술), 친환경농산물(무농약, 저농약, 유기농), 친환경축산물, 지리적 표시, 전통식품인증, GAP, 사료공장 HACCP, KS인증, 식품명인, 쇠고기 이력추적 |
| | 해양수산부 | 6종 | • 친환경 수산물, 수산물과 수산특품품질인증, 수산전통식품인증, 수산물 이력제, 지리적 표시 |
| 표시 | 식품의약품안전처 | 7종 | • 어린이 기호식품-신호등 표시<br>• 건강기능식품-기능성 표시, 영양표시, 유통기한 표시<br>• 가공식품-영양표시, 유통기한 표시, 고카페인 표시 |
| | 농림출산식품부 | 2종 | • 음식점 원산지표시제, 농산물 원산지표시제 |
| | 해양수산부 | 1종 | • 수산물 원산지표시제 |
| 총계 | | 37종 | |

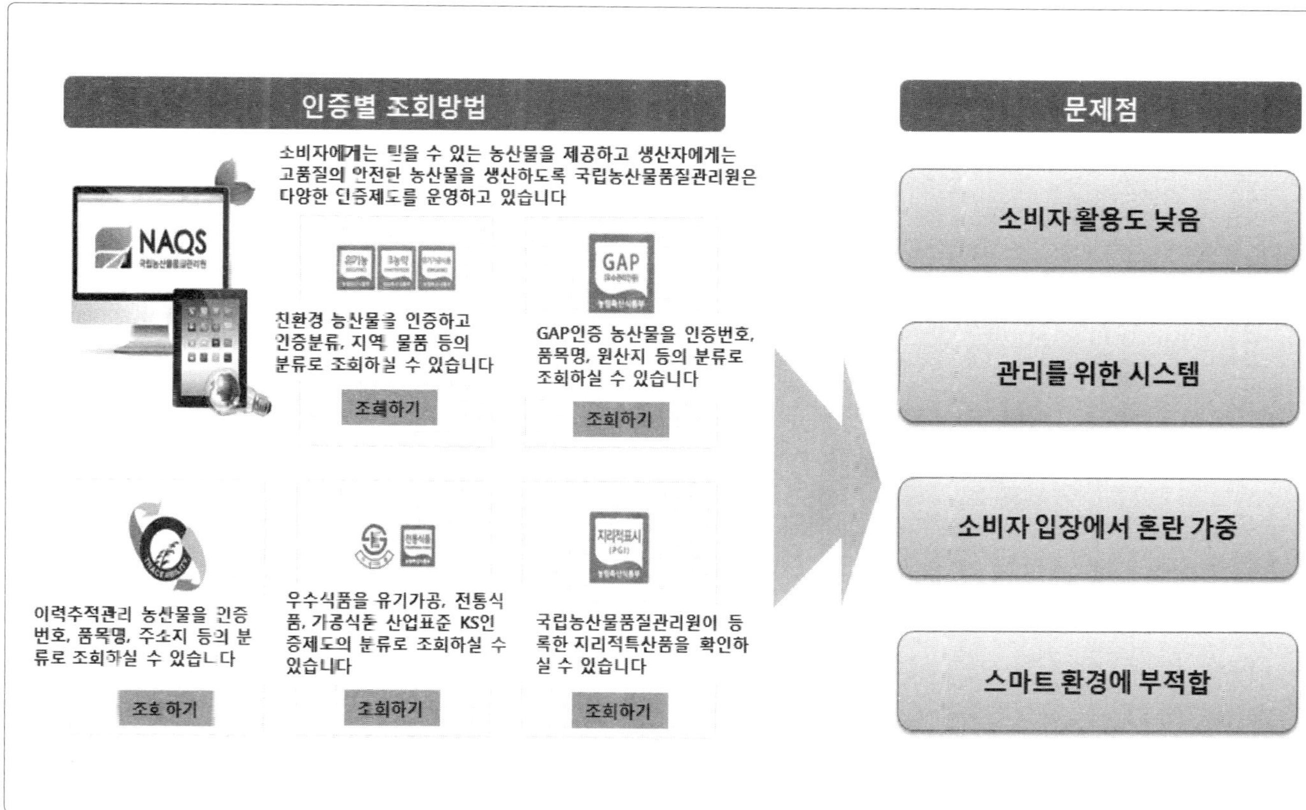


〈그림 3-9〉 농식품 인증별 조회 방법

## "농업의 6차 산업화, 1차, 2차, 3차 산업의 유기적 융합에 의해서 9차 산업화를 지향해야 함"

농업의 활성화를 위해서는 현재로서는 6차 산업보다 더 좋은 대안은 없다. 그러나 6차 산업의 성공적인 효과를 나타내기 위해서는 체계적인 접근 방법이 필요하며, 이를 위해서는 생태계, 플랫폼, 서비스로 이어지는 체계적인 접근 방법의 적용이 시급하다.

통합플랫폼을 통하여 생산자, 가공업자, 서비스제공자, 그리고 소비자가 하나로 연결될 경우 1차 신뢰성을 갖춘 농산물이 바로 소비자로 이어짐으로써 1차 산업이 바로 3차 산업의 역할을 하면서 부가가치가 높아질 수 있다.

예를 들자면 특정 지역의 사과가 농협과 같은 유통기관에 의해서 일괄적으로 수매되어 유통업자로 넘겨지고 있는 현재의 상황에서 모든 농산물의 품질이 정확히 인증이 된다면 유기농법에 의한 품질 좋은 사과는 더 높은 가격을 받을 수 있게 되면서 전반적으로 부가가치가 높아질 수 있게 되는 것이다.

2차 농산물 가공품도 1차 농산물의 정보가 정확히 반영되어 가공품에 반영될 경우 원재료의 품질에 따라서 가공품의 부가가치가 높아지면서 2차 산업이 3차 산업의 서비스적인 속성을 갖게 되는 것이다.

이렇게 될 경우 우리 농업의 지향점이 6차 산업화가 아니라 9차 산업화를 지향해야 하는 것이다.

농업의 9차 산업화 플랫폼은 궁극적으로 다양한 이해관계자가

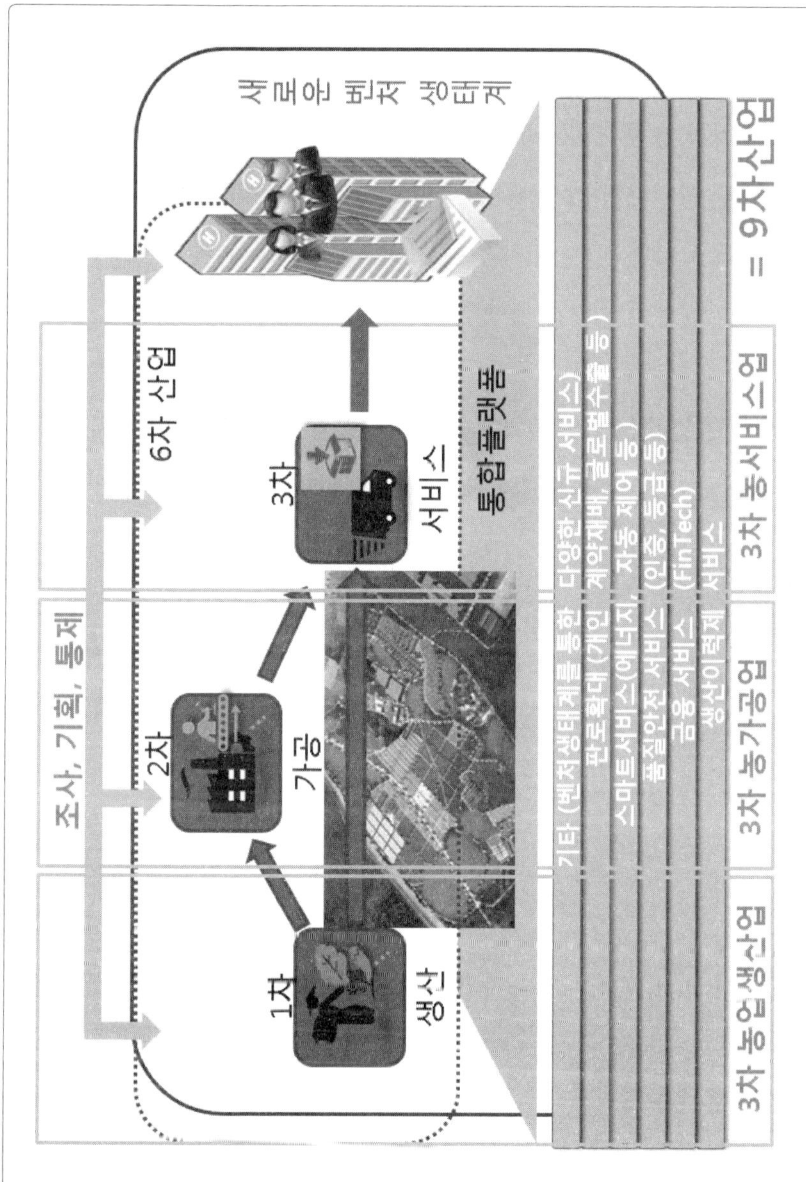


〈그림 3-10〉 농업의 9차 산업화

플랫폼에서 협업을 통해서 농업을 전반적으로 서비스산업화 하는 것이다. 경쟁국과의 경쟁에서 우위에 서기 위해서는 타 산업과의 유기적 융합도 필요하다. 이를 위해 앞서 제시한 이력추적시스템 뿐만 아니라 서비스 지원 및 협업 네트워크를 지원할 수 있는 기능이 필요하다. 다음 장에서는 농업의 서비스화를 위해서 에코사이언스 관점에서 무엇을 해야 하는지를 설명한다.

**"농업생산량 극대화에 맞추어져 있는 농정의 정책적 목표를 농업의 서비스화로 전환해야 함"**

에코사이언스 관점에서 1단계로 해야 할 일은 농정의 목표를 서비스화에 두어야 한다. 이것은 전 세계적인 트랜드에 부합하는 것이며 우리의 전 산업이 당면한 공통의 문제이기도 하다. 앞에서 지

〈그림 3-11〉 농업의 서비스화

적한대로 정부의 투자가 아직도 산업시대의 Push형에 기반을 둔 정책에 의존하고 있는데 이를 서비스화 기반 구축으로 전환할 필요가 있다.

**"농업의 서비스화를 위해서는 농정 전 분야에 걸친 새로운 전략의 개발이 필요함"**

모든 서비스는 경쟁에서 이기기 위한 전략이 필요하다. 우리나라 농업은 미국, 중국, 동남아뿐만 아니라 남미, 러시아 등 전 세계 모든 국가와 경쟁에 직면해 있다. 이러한 상황에서 생각해 볼 수 있는 전략들이 〈표 3-2〉에 요약되어 있다.

**〈표 3-2〉** 농업의 서비스화를 위해서 필요한 전략

| 마케팅과 서비스 전략 | 제조/유통환경 | 조직전략 |
|---|---|---|
| • 스마트 소비전략<br>• 농식품 수출전략<br>• 로컬푸드 소비확산 전략 | • 인증서비스 통합<br>• 에너지 비용 효율화<br>• ICT에 의한 관련 비용 효율화 | • 생산자 협상력 확대 전략<br>• 로보트를 활용한 생산 효율화 및 인건비 절감<br>• 벤처생태계 활성화 전략 |

스마트소비전략을 예로 들어서 설명하자면 모든 농가의 정보가 투명하게 수집되어 관리될 경우, 소비자들은 안심하고 언제 어디서든 농산물을 대형마트뿐만 아니라 농가에 직접 주문할 수도 있다. 최근에 물류시스템이 획기적으로 개선되었고, 농산물 저장 및 배송

시스템은 거의 완벽하다. 결정적으로 부족한 것은 농산물에 대한 신뢰시스템이 구축되어 있지 않다는 것이다.

**"농업 경영비의 30~40%를 차지하고 있는 에너지 비용을 효율화해야 하는데, 이는 산업부와의 협업에 의해서 해결될 수 있음"**

〈그림 3-12〉에서 알 수 있듯이 농사용 에너지는 전기에 의존할 수 밖에 없는 구조이며 농업 경영비의 30~40%를 차지하고 있기 때문에 우리나라 농업의 경쟁력 확보를 위해서는 에너지 문제도 반드시 해결해야 한다.

저렴한 농사용 전기요금으로 인해서 에너지 과소비와 비효율화가 진행되며 이는 농업성장을 저해하고 있다. 같은 부가가치를 생산하면서 사용하는 에너지의 양을 독일과 비교할 경우 우리나라가 1.4배 더 많다. 유럽 대부분의 국가들은 전기에 대해서 높은 요금을 책정하여 신재생에너지 생산을 유도하는 선순환 구조를 형성하고 있다.

농업의 지속가능한 성장을 도모하면서 국가 경쟁력을 확보하기 위해서는 농가에 대한 세금감면 정책이 아닌 신재생 에너지 개발 등 지속 성장할 수 있는 혁신적인 정책이 필요한 시점이다(그림 3-13 참조).

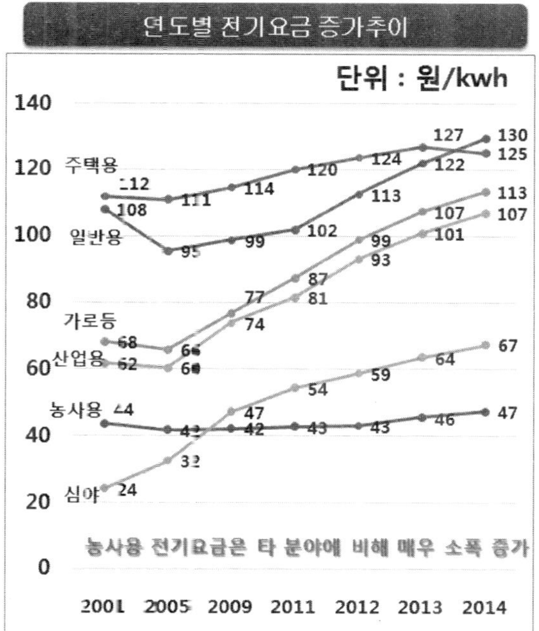


**시설원예 작목의 경영비 중 난방비용 비율**

단위 : %

| | 작목명 | 비율 | | 작목명 | 비율 |
|---|---|---|---|---|---|
| 채소 | 시설고추 | 38 | 과수 | 시설감귤 | 58 |
| | 오디(촉성) | 37 | 화훼 | 칼라 | 46 |
| | 시설가지 | 35 | | 장미 | 45 |
| | 토마토 | 35 | | 심비디움 | 37 |
| | 방울 토마토 | 31 | | 카네이션 | 35 |
| | 피망 | 28 | | 접목 선인장 | 32 |

*에너지 비용의 비효율화*

〈그림 3-12〉 농사용 전기요금과 에너지 비용의 비중 (한국전력, 2015)

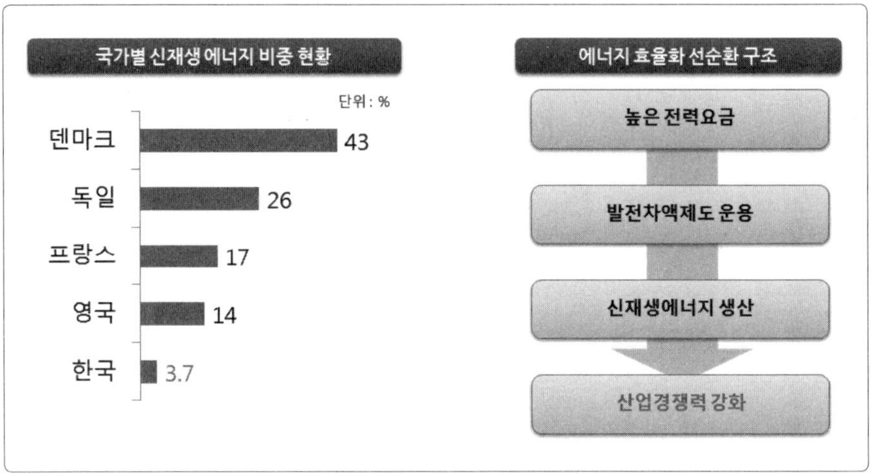


〈그림 3-13〉 국가별 신재생에너지 비중과 에너지효율 선순환 구조 (IEA, 2015)

**"가격 경쟁력을 확보하기 위해서는 비용을 줄여야 하는데 로봇의 활용은 주요비용절감 수단이며 이 문제도 산업부와 협업에 의해 해결 가능함"**

농업용 로봇 산업은 전문서비스용 로봇산업 분류에 속해 있으며 농업 생산과 소비, 유통과 경영 등의 전 과정에서 자율적인 기능을 통해 농작업이나 농업관련서비스를 제공하는 로봇을 제조하는 산업이다.

농업용 로봇시장은 전 세계적으로 아직 초기에 해당하기 때문에 농업의 로봇화를 추진한다면 농업과 로봇산업의 동반성장이 가능할 것으로 보인다.

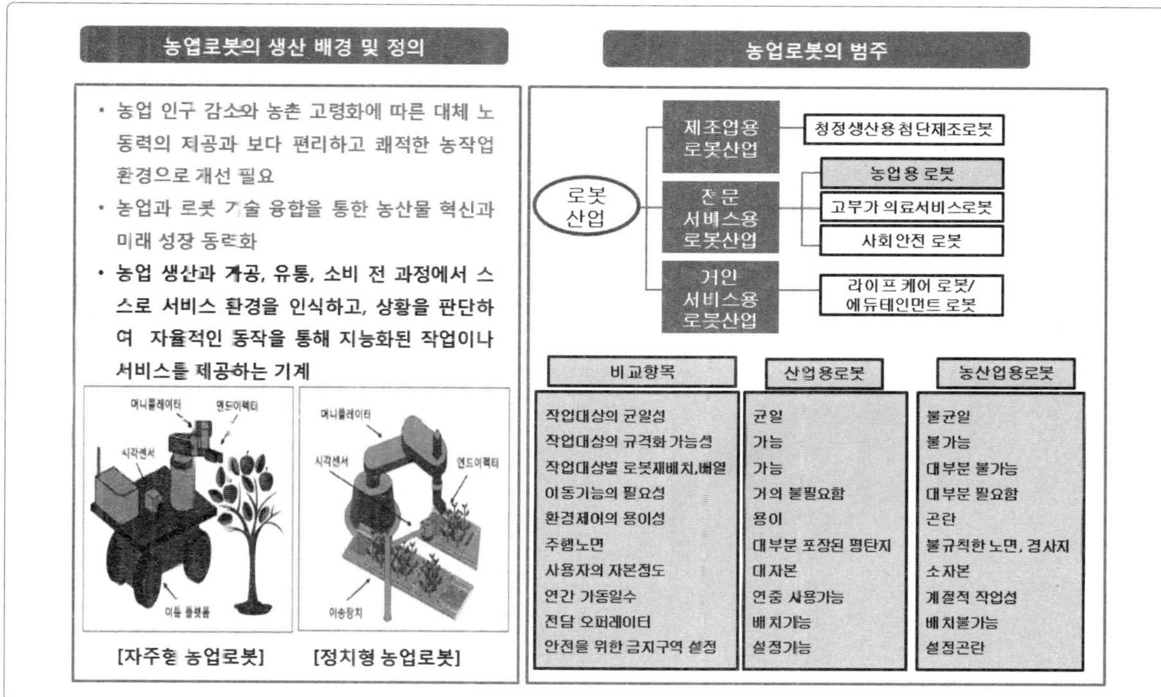


〈그림 3-14〉 농업용 로봇의 정의 (한국산업기술평가관리원, 2015)

**[현황]** 전통적인 로봇 업체 주도의 기술 개발이 아닌 기존 농기계 전문 산업체의 제품군들에 대한 자동화, 무인화, 지능화 과정에서 로봇 기술이 접목되고 있는 상황이다.

**[국외]** 연구실 수준에서는 제초, 시비, 수확, 방제로봇 등이 시도되고 있으나, 본격적인 상용화는 이루어지지 않고 있으며, 착유로봇을 중심으로 로봇 기술의 접목이 시도되고 있다. 농축수산 분야 로봇시장은 2013년 9억불 규모였고, 2020년까지 191억불까지 급속한 증가가 예상되고 있다.

**[국내]** 본격적인 로봇 기술의 적용은 아직 이루어지고 있지 않으며, LS엠트론이나 대동공업과 같은 기존 농기계 전문 업체가 로봇 기술을 적용한 스마트 트랙터 등에 관심을 보이는 상황이다.

**[산업생태계 조성의 필요성]** 향후 예상되는 농축산 로봇의 자력 개발과 세계 시장 선점을 위해서는 유관기관 간 협의체 구성, 기술 공유 및 범부처 과제 도출을 통한 요소 기술을 확보해야 한다. 이 과정에서 기존 농기계 기업들을 적극적으로 참여시킴으로써, 국내 농축산 로봇 보급 및 세계 농축산 로봇 시장 진입을 위한 산업 생태계를 조성해야 한다.

로봇농업을 위한 기초 인프라 구축을 통해, 농업과 로봇 기술 융합 기반의 미래지향적인 농업모델을 개발할 필요가 있다.

**“상생의 농업생태계 조성을 통하여 공유경제시대를 선도하는 새로운 농업경제시스템의 창출이 가능함”**

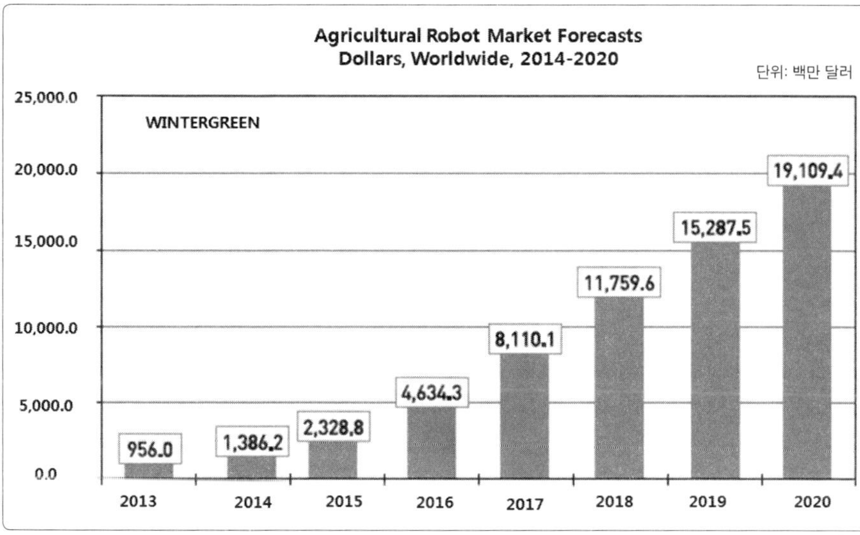


**〈그림 3-15〉** 농업용 로봇의 성장 전망 (Winter Green Research, 2014)

우리나라 농업의 경쟁력을 확보하기 위해서는 더 이상 생산량 확대에 초점을 맞춘 산업시대 패러다임을 버리고 농업 관련 모든 산업의 서비스화를 추구해야 한다. 주요한 모든 국가들과 FTA를 체결하고 있는 상황에서 이것은 더 이상 선택의 여지가 없는 것으로 간주할 수 있다.

농업의 서비스화를 위해서 우리가 시급히 해야 할 것은 서비스 목표를 설정하고, 경쟁국을 넘어서기 위한 전략에 합의를 이루어야 한다. 그런 다음에 전략의 수행에 필요한 모든 기관들이 상생할 수 있는 산업생태계를 정의하고 상생의 비즈니스 모델을 도출해야 한다.

반드시 고려해야할 것들을 몇 가지 예로 든다면 로봇산업과의 상생을 들 수 있다. 우리나라 로봇산업도 시장창출에 어려움을 겪으면서 경쟁국과 힘겨운 싸움을 하고 있는 현실을 감안한다면 농업과 로봇산업은 상생의 모델을 만들 수 있는 가능성이 있다.

에너지 산업은 농업부문에서 발생하는 손실을 국가가 고스란히 떠안고 있는 상황이므로 국가 경쟁력을 약화시키는 주요한 요인이 되고 있다. 농업용 에너지를 전기료의 가격정책을 통하여 신재생에너지 분야로 유인한다면 선진국에 비해서 발전이 더딘 신재생에너지 산업까지 농업과 상생의 모델을 만들 수 있을 것이다.

〈그림 3-16〉에 나타나 있듯이 로봇산업, 에너지산업, ICT산업 등에서 정부 부처 간 협업에 의해서 농업의 비용혁신을 가져올 수 있을 것으로 보인다. 게다가 농업 생산자, 가공업자, 서비스 생산

〈그림 3-16〉 우리나라 농업의 발전 방향

자, 소비자를 하나로 묶을 수 있는 통합플랫폼을 통하여 농업의 가치혁신을 추구한다면 새로운 벤처 생태계가 농업을 중심으로 형성될 것으로 예측되며 수많은 새로운 일자리 창출이 가능해질 것으로 보인다.

## 3-2 교육의 혁신 방향

교육에 관한 사회의 문제점을 해결하면서 국가 경쟁력을 높이기 위해서 교육의 문제를 에코사이언스의 관점에서 조명해보고자 한다.

우리의 교육과 관련한 심각한 문제는 사교육 문제로 발생하는 계층 간의 위화감뿐만 아니라 수입의 절대적인 부분을 교육에 투자하고 있기 때문에 서민가정의 삶의 질과도 직결되는 문제이다. 막대한 교육비를 투자하고도 교육의 수준은 사회의 요구에서 동떨어져 있어서 청년 취업난을 유발하고 있다.

그에 대한 해법을 제시하기 위해서 아래에서 교육이 처한 모순적인 현실과 교육의 주변 환경을 살펴보고 가능성이 있다고 보여지는 해결방향을 제시해본다. 여기에서 완전한 해결책을 제시하는 것은 아니고 그러한 방향으로 에코사이언스 방법론을 적용하여 교육의 문제를 교육자, 산업 전문가, 경영전략 전문가, 학문 분야별 전문가들이 함께 풀어나가야 한다는 것을 제안하고자 하는 것이다.

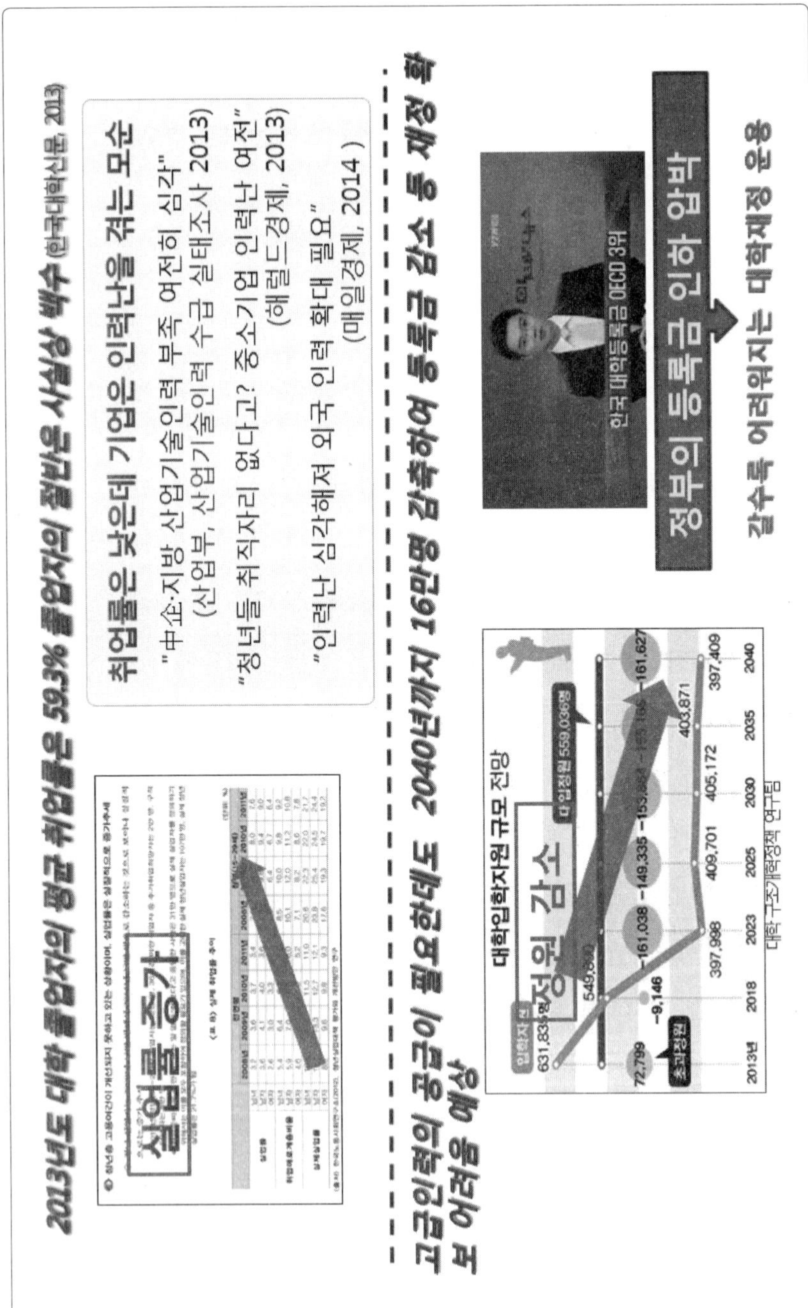


〈그림 3-17〉 대학이 처한 현실

### "졸업자의 취업률은 낮은데, 기업은 인력난을 겪는 모순, 재정은 어려운데 교육의 질은 높여야 하는 모순"

2013년도 대학 졸업자의 평균 취업률은 59.3%로서, 졸업자의 절반은 사실상 백수인 것으로 나타났다(한국대학신문, 2013). 그럼에도 불구하고, 중소기업 및 지방기업은 심각한 인력난을 겪으며 외국인력 확대를 검토하고 있다. 이러한 상황 속에서 교육부는 2040년까지 대학 정원 약 16만명 감축을 진행하여 등록금 감소 등 재정 확보 어려움이 예상되고 있다. 또한 한국의 대학등록금이 OECD 3위를 기록, 정부의 등록금 인하 압박에 따라 대학의 재정운용은 갈수록 어려워지고 있다.

즉, 국내 대학은 대학 졸업자뿐 아니라 산업계도 만족시키지 못하는 채로 자체적인 재정어려움에 직면해 있다.

### "인문학의 재조명과 이공계 기피현상, 그러나 인문계는 심각한 취업난, '인구론'* 신조어 등장"

2013년 새로 출범한 정부의 국정기조인 '창조경제'를 통한 경제패러다임 변화와 함께 인문학과 문화의 중요성이 재발견되고 있다. 따라서 지원이 몰리는 인문학의 취업경쟁은 가속화되고 있는 반면, 이공계 기피 현상의 심화로 과학기술계 발달의 불투명한 미래가 문

* 인구론: '인'문계 졸업생은 '구'십 퍼센트(%) '론(논)'다는 속어.

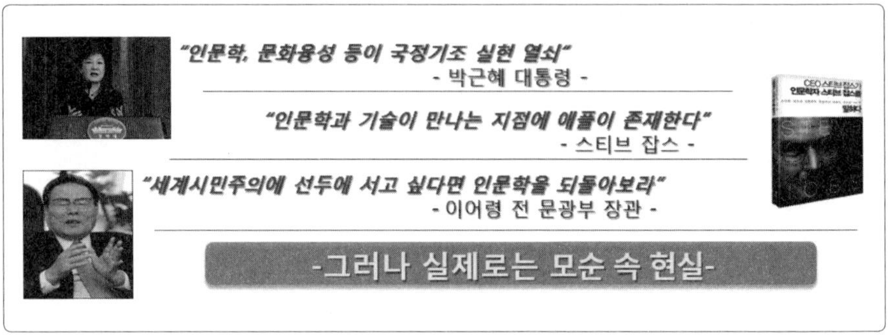


〈그림 3-18〉 인문학이 처한 현실의 모순

제로 떠오르고 있다. 그러나, 이와는 반대로 기업계 수요에 따라 서류전형에서부터 '인문계' 전공자는 배제되고 있으며, 산업의 고도화와 융복합 비즈니스의 발달로 전문 지식을 지닌 이공계만을 우대하는 현상이 가속화되고 있는 실정이다.

**"IT와 BT의 융합 등 새로운 기술 혁명은
적절한 교육 시스템이 뒷받침되지 않으면 이뤄지지 않고
특히 개개인에 특화된 교육이 필요하다(Alvin Toffler, 2005)."**

〈그림 3-20〉의 오른쪽에 보면 서비스중심의 신산업이 표현되어 있다. 이것이 현실인데도 우리 교육은 아직 제조업 중심의 인력양성 메커니즘에서 벗어나지 못하고 있다. 산업시대의 특징은 대량생산이고 교육도 그 당시에 필요한 분야별로 대량생산체제로 되어 있는 것이다.

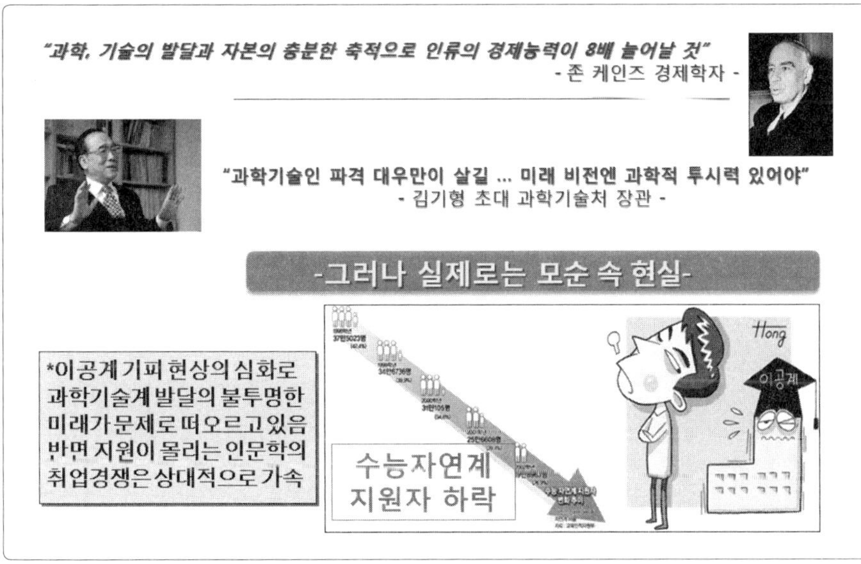


〈그림 3-19〉 이공계가 처한 현실의 모순

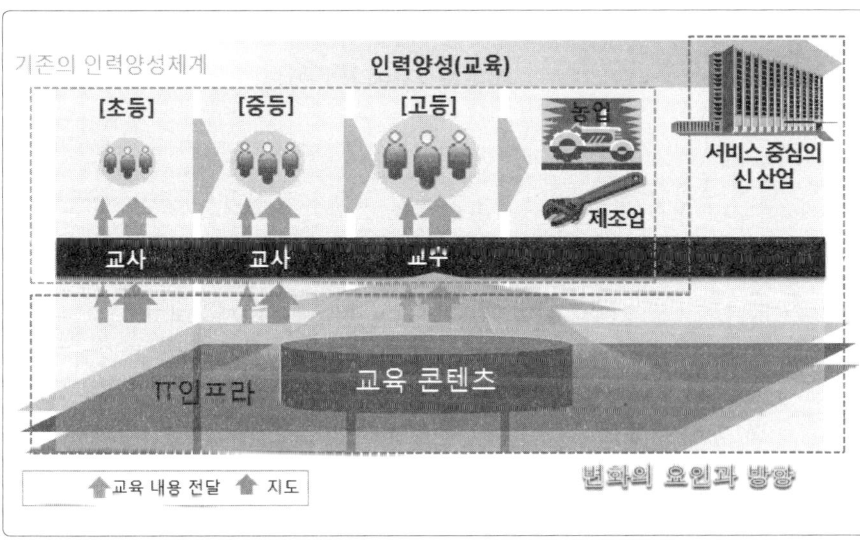


〈그림 3-20〉 모순을 야기하는 교육의 외부 환경

서비스 중심의 신산업으로 산업구조가 변화함에 따라 제조업에 기반을 둔 초중고뿐만 아니라 대학까지 인력양성 교육체계의 대대적인 변화(학과, 교과내용 등)가 요구된다. 학습 인프라의 변화로 기존 교수자 중심의 "강의식 교수법"에서 교육콘텐츠 제공을 기반으로 한 "학습자 중심의 교수법"으로 전환이 이루어져야 한다. 즉, 물리적 공간에 교수와 학생이 모여 지식을 전달하는 체계가 아니라, IT인프라를 활용하여 방대한 교육용 콘텐츠를 온라인으로 학습하고 교수는 '지도(guidance)'에 집중해야 한다. 특히, 블렌디드 러닝(On-line + Off-line) 도입 시 단기간에 대학의 교육공간을 '산학협력공간'으로 전환이 가능하다.

**"산학연계 프로젝트 기반의 대학교육 성공유형은 (1) 해외기업연동형, (2) 산학프로젝트형, (3) 커리큘럼혁신융합형으로 나타나고 있음"**

국내외 융합형 인재양성 프로그램을 조사한 기술인문융합창작소(2013)의 보고서에 따르면, 우선 해외기업연동형의 대표적인 사례로서 '한동대학교'를 들 수 있다. 한동대학교는 대학 교육역량강화사업(한국대학교육협의회)에 6년 연속 선정되었으며, 취업률, 재학생 충원률, 교원확보율, 학사관리 및 교육과정운영, 장학금 지급률, 학생교육투자 및 등록금부담완화지수 부분 등에서 우수한 성과를 창출하고 있다. 특히, 미국 캘빈대(Calvin College)와 공동학점인정 프로그램(ESL: English as a Second Language) 운영 등에 따라 국제화 마인드 조성에 힘쓰고 있다.

다음으로 산학프로젝트형의 대표적 사례인 'MIT 미디어랩'은 연간 예산 3,500만 달러의 대형미디어융합 기술연구소로서 30년의 전통을 지녔으며, 기술로 가능한 모든 주제를 연구하여 현재 350개의 미래기술 프로젝트를 진행 중에 있다.

마지막으로 커리큘럼혁신융합형의 대표적 사례로서 핀란드의 알토대학교와 미국 NSF의 통합인재양성 프로그램을 들 수 있다. 핀란드의 교육 생태계는 대학교육 경쟁력 1위, 교육제도 경쟁력 1위(2009년 세계 경쟁력 평가)를 차지하고 있다. 그 중 알토대학교는 예술, 경제경영, 공과 3가지 분야를 정부 주도로 융합한 대표적인 아트&디자인 대학교로 유명세를 떨치고 있다.

또한, NSF의 통합인재양성 프로그램은 지난 1998년부터 이어진 대표적 융합인재 프로그램으로 학제간 연구 인력 양성을 목표로 생물, 환경, 수학, 물리학, 화학, 컴퓨터 등 다양한 경계의 융복합인재 양성에 노력하고 있다.

**"기존의 학문들은 폐지 대상이 아니라 기초학문으로 계속 발전시키면서 사회에서 시급히 필요한 융합학문을 발굴 · 육성해야 함"**

기존 대학교육의 틀에서는 학과단위의 고립된 교육 문화 및 인문/예술/공학 분야의 장벽이 존재한다. 기존 학문체제를 통해 전문인재를 육성하여 전통산업으로 진출을 시도하고 있지만, 창조산업

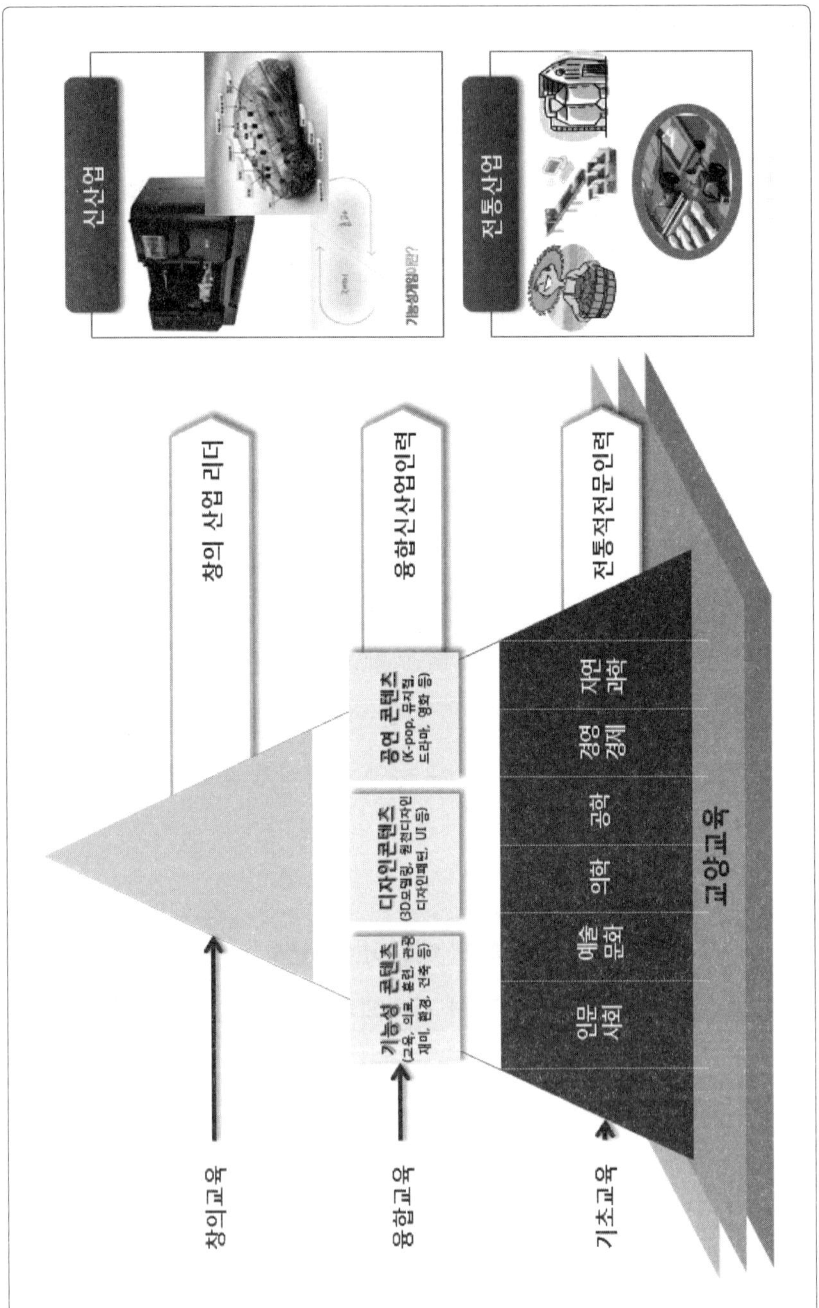


〈그림 3-21〉 콘텐츠사업 인력양성의 개념도

으로 도약하기 위해서는 기존 학제 교육에서 탈피하여 창의기반의 융합 교육이 필요하다.

〈그림 3-21〉은 콘텐츠 산업에 필요한 인력을 공급하기 위해서 생각해 볼 수 있는 개략적인 개념도이다. 기존의 학문은 콘텐츠산업 뿐만 아니라 전통산업, 혹은 또 다른 융합산업에 필요한 기초지식을 공급해야 하기 때문에 계승시켜서 발전시켜야 한다고 생각한다. 콘텐츠산업에 필요한 시대에 적합한 창의 인재 양성을 위해서는 교육, 의료 등의 기능성콘텐츠, 공연 콘텐츠, 디자인 콘텐츠 등 분야별로 융합교육모델의 수립이 필요하다. 즉, 융합 교육을 통한 인재 양성이 산업의 경쟁력 향상을 위해서 필요한 시점이며, 이를 위해서는 기존의 교육체계를 계승 발전시키면서 산학협력체계가 조화롭게 공존하는 새로운 교육 패러다임의 도입이 필요하다.

ECO SCIENCE
strategy of
new paradigm

# 에코사이언스: 새로운 패러다임의 생존 전략

# 4

# 사례탐구 II

## 4-1 3D프린팅산업 발전 방향

**"제조업의 혁명이라 불리는 3D프린팅 시대가 도래하고 있으며, 이로 인해 3D프린팅 창작 콘텐츠 유통 시장이 활성화되고 경쟁이 치열할 전망임"**

세계적 시장조사 기관인 가트너는 "2015년부터 3D프린터의 출하량이 매년 두배 이상 증가하면서 2018년도에는 230만대를 상회할 것으로 예상된다"고 밝혔다. KT 경제경영연구소는 2019년 세계 3D프린팅 및 관련 서비스 시장 규모는 133억 달러로 추정되며, 3D 프린팅 관련 2차 서비스 시장 규모는 33억 달러로 추정하고 있어, 세계의 3D프린팅 시장이 급속도로 성장하고 있다.

2012년 미국, 오바마 대통령도 국정 연설에서 3D프린팅은 미래 제조업의 혁명을 일으킬 기술로 지목하면서 3D프린팅 혁신센터 15개소 설립을 위해 7,000만 달러를 투자하였다. 영국의 The Economist도 역시 3D프린팅이 제3차 산업혁명을 가져올 기술 중 하나로 소개 하였으며, 2013년 매킨시 보고서에 따르면 3D프린팅은 전 세계적으로 2025년까지 매년 2,300억 달러에서 5,500억 달러

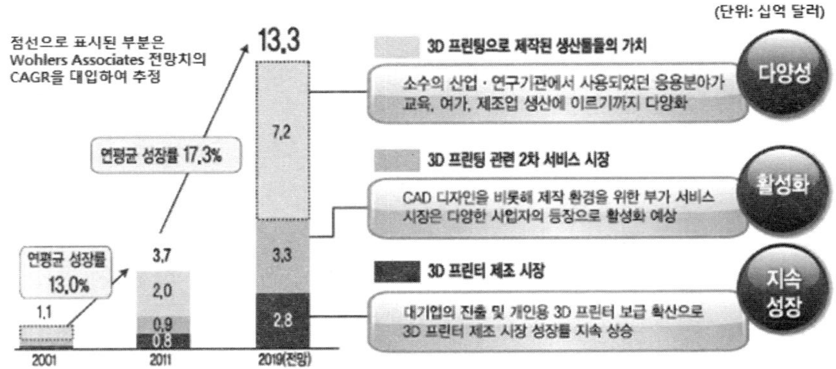


**[전세계 3D 프린팅및 관련 서비스 시장 규모 전망]**
**(Wohlers Associates, Inc. 2012; KT경제경영연구소, 2013)**

- 미국 오바마 행정부 **3D** 프린팅 혁신센터 **15개소** 설립, 미래 혁신 제조업 사업으로 지원 육성 발표(7,000만 달러 투자)
- **2010**년 영국 노팅엄 · 셰필드대에 **3D** 프린터연구센터 세워 기술 개발(700만 파운드 투자 계획)
- 중국은 자국 내에 100억 위안 규모(약 1조8,100억원)의 시장이 형성될 3D프린터 산업을 선점하기 위해 **3D**프린터 산업혁신센터와 산업단지 등을 구축하여 적극 지원함

**〈그림 4-1〉** 3D프린팅 시장 전망 (이보경 외, 2013)

의 경제적 효과를 낼 것으로 추정한다고 밝힌 바 있다.

국내의 경우 아직까지 3D프린팅 창작 콘텐츠 유통 채널이 전무하고, 대체로 외주 제작을 통한 콘텐츠 창작 또는 해외 데이터 구입을 통해 수요를 충족하고 있다. 이에 따라 국내 3D콘텐츠 수요가 해외 유통 플랫폼으로 움직이고 있는 실정이며, 이를 극복하기 위한 국가 지원이 요구된다. 현재 국내에서도 제조업에 대한 투자 지원책을 내놓으며 준비 중에 있으나, 그럼에도 아직까지 국내 3D프린팅에서의 제조업 시장은 걸음마 단계이다.

**"3D프린터 돌풍 거센데…**
**제조강국 한국은 여전히 탐색 중(매일경제, 2013)"**

**"기업 3D프린팅 활용한 제조혁신 지원사업,**
**내달 시행 앞두고 '실효성' 의문(전자신문, 2014)"**

해외 3D프린터 업체가 아시아 시장을 겨냥하고 있으나 국내 시장은 무방비 상태이다. 해외 3D프린팅 업체들은 인수합병을 통해 판매량 통합, 연구개발 능력 공유, 신규 사업 모델 개발 등 비스니스 전략을 추신하고 있으며, 시장 발달이 늦은 아시아 시장을 주요 3D프린터 제조 기업의 타겟 시장으로 여기고 있다(전자신문 미래기술연구센터, 2014).

한국은 수요가 충분한 타겟 시장으로 여겨지고 있으며, 국내의 관련 경쟁자가 영세한 실정으로 해외 기업 시장 잠식이 빠를 것으

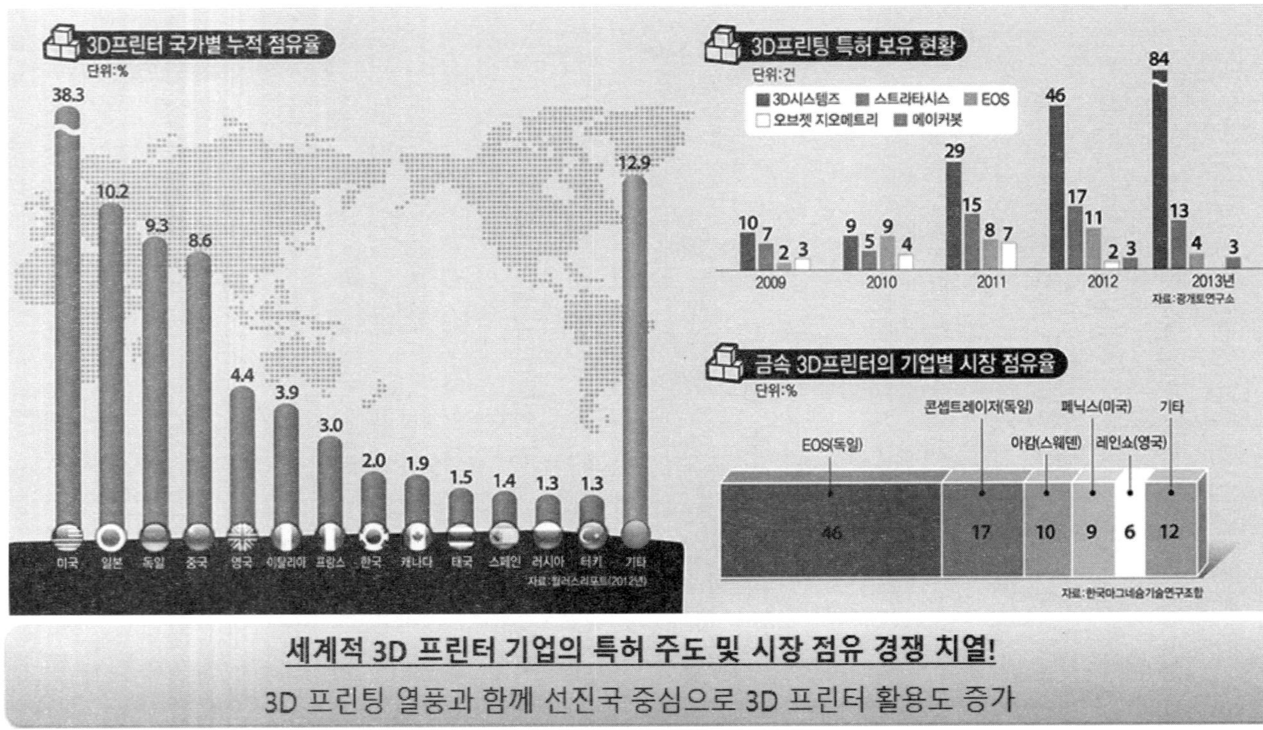


〈그림 4-2〉 3D프린터 점유율 / 3D프린팅 특허 보유 / 기업별 시장 점유율 현황 (Wholers Associater, Inc, 2012; 광개토연구소, 2013; 한국마그네슘기술연구조합, 2013)

로 추정되므로 국내 시장 보호 정책이 시급하다.

**"창작자에게는 창작에 대한 정당한 대가를,**
**3D 프린트 업체에게는 새로운 판로를,**
**소비자에게는 다양한 작품을 소유할 수 있도록**
**생태계를 설계하는 것이 필요함"**

3D프린팅 기반 서비스 지원 플랫폼 개발을 통해 고부가가치 산입으로 지목받고 있는 문화예술 산입의 활성화가 가능하다. 국내 공예산업은 고부가가치 산업으로 발전 가능성이 높아 이에 대한 마케팅, 창업, 유통, 지원 등 산업 활성화 정책과 예술품을 상품으로 유도하여 질 좋은 예술품 시장 확대가 필요하다.

이와 같은 기술을 통해 창작자는 1인 Market Place를 제공 받아 창작자 자립화가 가능하여, 3D프린팅은 창작자에게 새로운 기회를 제공할 수 있다. 따라서 3D프린터의 대중화 시대를 대비하여 인프라를 구축하고 3D프린팅 콘텐츠 거래 활성화 방안 모색이 필요하다.

**"3D프린터로 인해 산업 혁신, 신시장 창출 등의**
**발전적인 모습도 있지만 3D프린터 시장이 본격화되기 전에**
**해결해야 하는 문제들도 다수 존재함"**

3D스캐너의 등장으로 3D콘텐츠의 저작권 문제가 대두되나 국

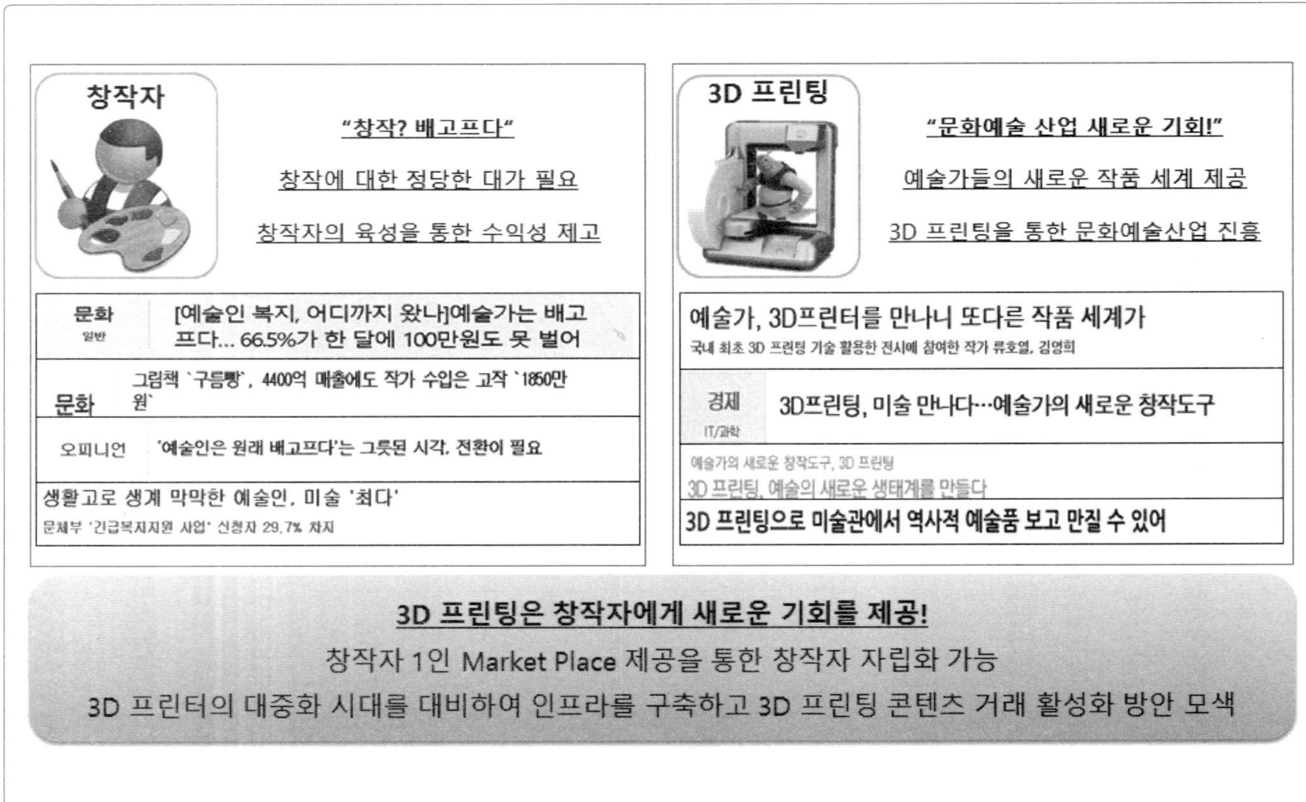


**〈그림 4-3〉** 3D프린팅에서 창작자의 기회

내에는 아직까지 관련 체계가 전무하여 창작자의 저작권 보호가 매우 어려울 것으로 예상된다. 소비자의 창작물 제작 및 사용과 관련된 법률 및 보호 장치, 3D프린터 전문 인재 양성을 위한 교육체계, 콘텐츠 부족, 그리고 시장 인프라 구축 등의 문제점이 발생하고 있다.

이로 인해 국내 문화예술 콘텐츠 창작자의 권리가 보호되지 못하고, 불법 복제물이 난무하여 창작자의 생존권을 위협할 것으로 판단된다. 이를 해결하기 위해 생태계 구축 및 비즈니스 모델 연구를 통한 정책 및 기술 개발이 시급할 것으로 사료된다.

**"3D프린터를 활용한 문화예술 창작물 및 콘텐츠 산업의 활성화를 위해 다양한 서비스 기술 개발과 지원 플랫폼 개발이 필요함"**

3D프린팅 기반 플랫폼을 활용한다면 창작자의 작품을 간편하게 소비자에게 제공될 수 있도록 하여 문화예술(공예, 조각, 캐릭터 등) 산업 활성화를 도모할 수 있다.

이를 위해 현재 3D프린팅 시장 생태계 분석을 바탕으로 선순환 생태계 조성, 협업 네트워크 구축, 저작권 보호 정책, 제품/기술 인증, 원클릭 프린팅, 교육 콘텐츠 설계 등을 구현할 수 있는 서비스 기술 개발 및 지원 플랫폼 개발이 필요하다.

**〈그림 4-4〉** 3D프린팅 산업의 성공화 요소

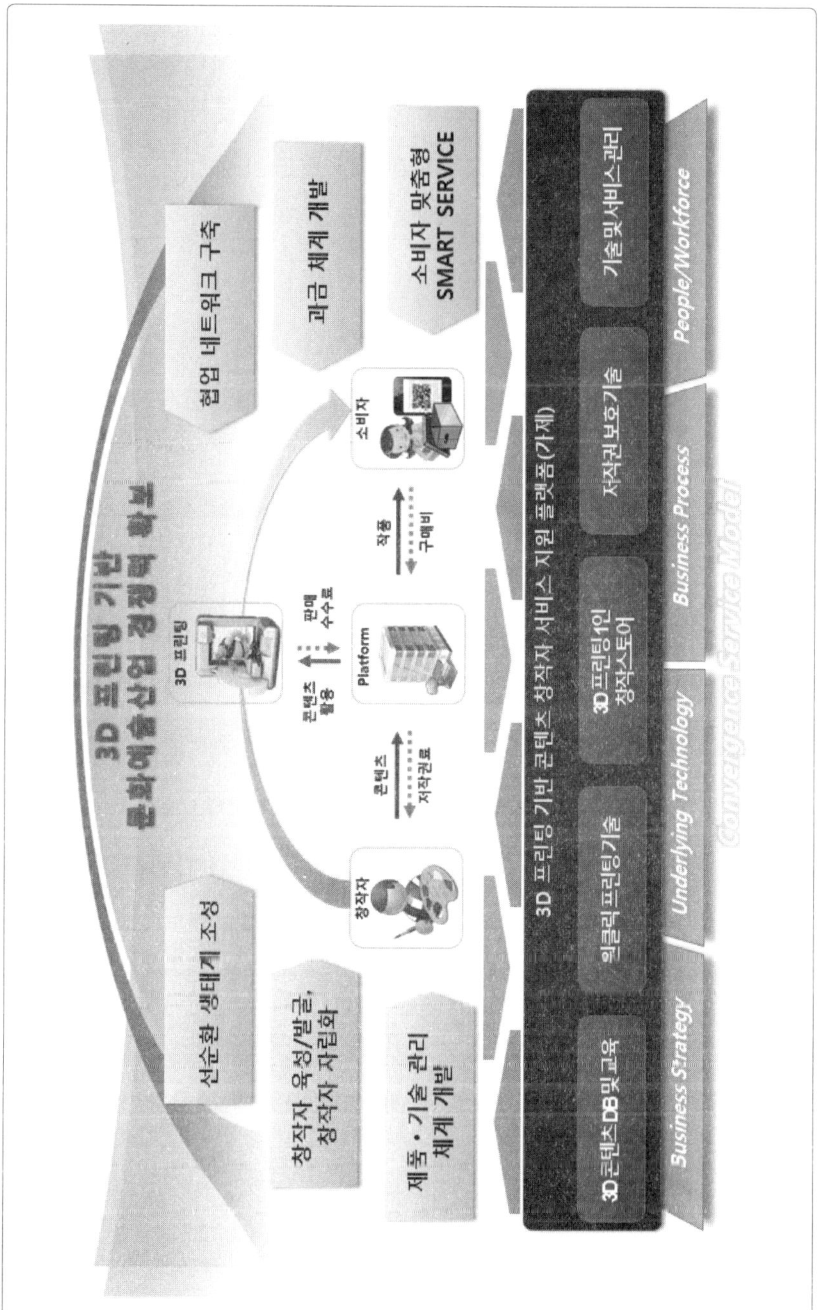


〈그림 4-5〉 3D프린팅 플랫폼의 서비스 공급 및 시장 역할

## 4-2 콘텐츠산업 발전 방향

**"세계 콘텐츠의 가치가 인정되면서, 시장이 급속도로 성장하고 있음"**

세계 문화콘텐츠 산업은 연평균 5.7%의 급성장을 하고 있으며, 2012년 약 100조원의 시장규모를 형성할 것으로 예측되는 등 IT산업의 뒤를 이어 신시장 개척과 기존 산업과의 융합을 통한 고부가 가치화를 실현하고 있다.

한국콘텐츠진흥원의 통계자료에 따르면 게임과 지식정보가 연평균 7.2%로 가장 큰 성장률을 보이고 있으며, 문화콘텐츠 산업으로 인하여 전 세계 산업구조가 역동적으로 변화하고 있다고 밝혔다(그림 4-6 참조).

**"문화콘텐츠의 가치가 상승되면서, 선진국을 중심으로 문화콘텐츠 지원이 강화함"**

문화콘텐츠 산업이 고부가가치 산업으로 부각되면서 영국 · 미국 · 프랑스 · 일본 등 선진국들은 세계 문화콘텐츠 시장을 선점하기 위해 치열한 경쟁구도를 전개하고 있다. 선진국들은 경쟁에서 승리하기 위해 문화콘텐츠 관련 중앙부처를 설립하였다. 그리고 각 산업 분야에 대한 진흥원, 위원회 그리고 연구소 등 주요 공공기관을 세워 다양한 추진 정책을 수립하고 있다. 이와 같이 선진국들의

"산업생산 시대가 가고, 문화생산 시대가 오고 있다."

- 미래학자 제러미 리프킨(Jeremy Rifkin) 펜실베이니아대 와튼스쿨 교수

- 세계 콘텐츠 산업은 미디어/기술, 소비/수요, 기업/비즈니스, 산업/경제적 측면에서의 트렌드 변화로 인해 산업구조가 격동적으로 변화하고 있음(전체 평균 약 5%, 게임과 지식정보 7%대, 출판과 만화 1%대 성장)

-세계 콘텐츠산업의 현황과 트렌드 변화(KOCCA, 2012)

<표 1> 세계 콘텐츠시장의 분야별 규모 및 전망1)

(단위: 십억 달러, %)

| 구분 | 2007 | 2008 | 2009 | 2010 | 2011p | 2012 | 2013 | 2014 | 2015 | 2016 | 2012-16 CAGR |
|---|---|---|---|---|---|---|---|---|---|---|---|
| 영화 | 82.3 | 82.8 | 83.4 | 84.9 | 85.4 | 87.9 | 90.7 | 93.7 | 96.7 | 99.7 | 3.1 |
| 애니메이션 | 12.0 | 12.5 | 12.7 | 14.1 | 13.8 | 14.8 | 15.2 | 16.0 | 16.8 | 17.0 | 4.2 |
| 방송 | 383.6 | 397.5 | 393.1 | 425.0 | 446.3 | 474.1 | 497.9 | 535.5 | 560.5 | 602.2 | 6.3 |
| 게임 | 44.7 | 54.3 | 55.5 | 57.8 | 59.0 | 62.7 | 66.6 | 71.6 | 77.3 | 83.4 | 7.2 |
| 음악 | 56.8 | 54.2 | 53.2 | 49.3 | 49.9 | 51.1 | 52.8 | 54.8 | 57.1 | 59.7 | 3.7 |
| 출판 | 397.3 | 388.5 | 357.9 | 358.5 | 355.3 | 356.1 | 358.9 | 363.5 | 369.8 | 377.1 | 1.2 |
| 만화 | 6.3 | 6.5 | 6.3 | 6.1 | 6.1 | 6.2 | 6.3 | 6.4 | 6.5 | 6.4 | 0.9 |
| 광고 | 495.4 | [illegible] | 438.3 | 468.7 | 485.7 | 512.9 | 539.0 | 581.0 | 611.7 | 660.9 | 6.4 |
| 지식정보 | 419.4 | [illegible] | 442.1 | 465.8 | 508.1 | 545.5 | 586.6 | 627.0 | 672.2 | 719.7 | 7.2 |
| 캐릭터 | 159.5 | 167.9 | 149.8 | 150.6 | 152.9 | 157.6 | 163.0 | 169.5 | 176.7 | 184.2 | 3.8 |
| 전체 | 1,461.6 | [illegible] | 1,464.5 | 1,530.2 | 1,604.6 | 1,690.9 | 1,781.6 | 1,889.9 | 1,994.2 | 2,120.1 | 5.7 |

※ 출처 : KOCCA(2012), 해외 콘텐츠시장조사(I)

〈그림 4-6〉 해외 콘텐츠시장조사(I) (한국콘텐츠진흥원, 2012)

〈그림 4-7〉 글로벌 기업의 콘텐츠 사업 확장

〈표 4-1〉 문화콘텐츠의 관심과 성장성

| **[문화콘텐츠가 미래 먹거리다] 〈1〉 왜 문화콘텐츠인가** -서울경제, 2013.01.20<br>**"국경 없는 산업화 쉬워 각국 선점경쟁 치열'**<br>• 선진국, 치열한 선점경쟁 돌입 = 문화콘텐츠 산업이 이처럼 고부가가치산업으로 부각되면서 세계 문화콘텐츠 산업을 선점하기 위한 영국 · 미국 · 프랑스 · 일본 등 선진국들의 경쟁도 치열하게 전개되고 있다. (중략) |
|---|

중앙정부는 문화콘텐츠 산업을 선점하기 위한 투자와 정책을 아낌없이 지원하고 있는 실정이다(그림 4-7 참조).

**"문화콘텐츠의 가치가 상승되면서,**
**선진국을 중심으로 글로벌 경쟁이 고도화됨"**

세계적인 기업들 역시 문화콘텐츠 산업을 고부가가치 산업으로 인식하면서, 산업 선점을 위한 글로벌 경쟁이 치열해 지고 있다. 하드웨어 제조사인 APPLE은 iTunes 플랫폼을 통해 음악과 애플리케이션 등의 콘텐츠를 제공하는 비즈니스 모델을 새롭게 개척하였다. 이어서 인터넷 검색포털 기업인 Google은 youtube를 인수하고 안드로이드 플랫폼을 개발하는 등 콘텐츠 사업으로 영역을 확장하였다. 스마트폰의 등장으로 모바일 디지털콘텐츠 플랫폼 시장에는 기존 iTunes와 플레이마켓에 이어 페이스북, 카카오, 네이버 등이 가세하기 시작하였다.

**"국내 문화콘텐츠 관련 기업들은 콘텐츠 자체의 경쟁력은 뛰어나지만, 문화 관련 전문인력 위주의 중소기업으로 경영 활동에 취약하여 글로벌 경쟁력 확보가 어려움"**

국내 콘텐츠 관련 기업들은 콘텐츠 자체 기술개발 능력에 있어 그 품질과 경쟁력은 이미 세계적으로 인정받는 수준이다. 하지만 글로벌 문화콘텐츠 시장에서 경쟁력을 확보하기 위한 기업들의 경영활동이 취약하다는 지적을 받고 있다. 문화체육관광부는 문화산업 관련 기업들이 해외진출 경험이 부족하고, 체계적이고 전략적인 마케팅이 아닌 주먹구구식의 진출방법에 따른다고 하였다. 또한 문화콘텐츠진흥원은 경영 여건변화에 적극 대응할 수 있는 내부역량과 인적 자원이 부족하여 지속적인 경영활동이 어렵다고 한다.

**"국가의 경쟁 우위를 확보하기 위해서는 국가 경쟁력을 대표하는 기업의 경쟁력 강화에 중점을 두어야 함"**

글로벌 문화콘텐츠 시장에서 국내 기업들이 경쟁력을 확보하기 위해서는 원활한 기업 활동이 중요시된다. 그리고 기업은 용역과 서비스를 생산하여 국가의 번영을 만들어내는 직접적인 주체이기도 하다.

마이클 포터는 혁신단계로 들어서면서 국가경쟁력을 확보하기 위해서는 기업의 역량이 중요하다고 하면서, 국가 우위를 위한 다이아몬드 모델을 제시하였다. 삼성경제연구소는 해당 국가의 기업

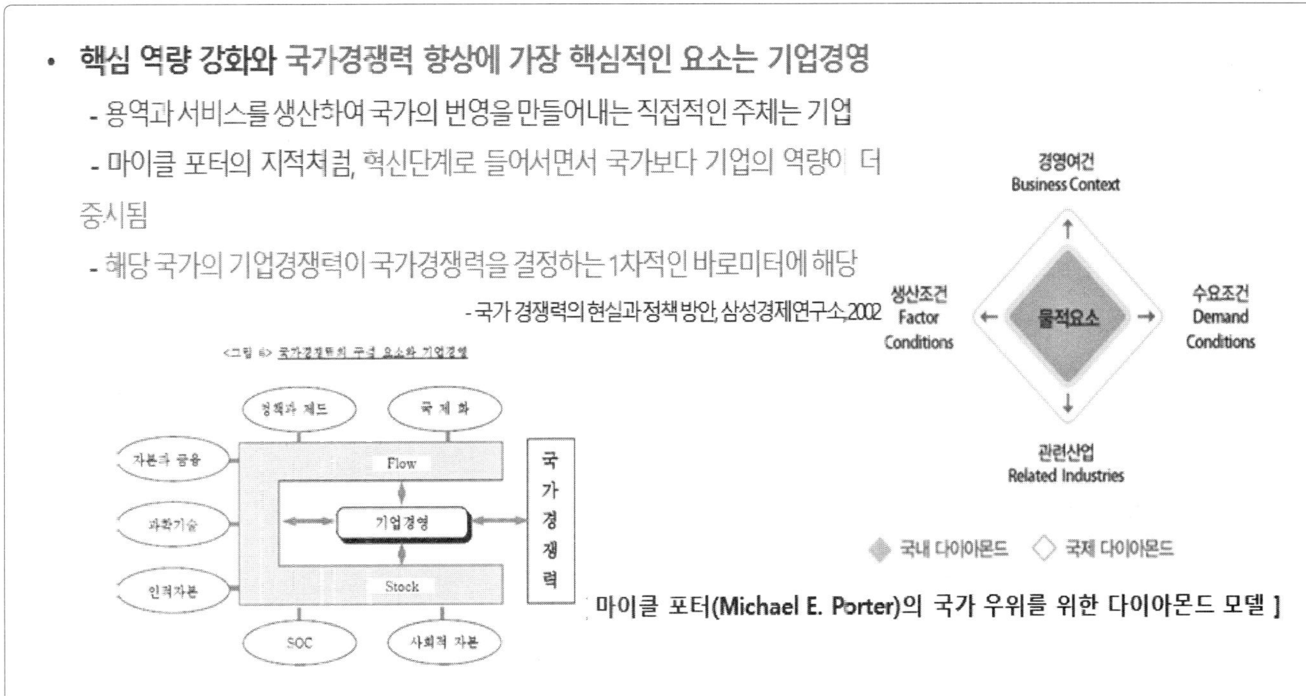


〈그림 4-8〉 국가경쟁력 우위를 위한 기업 경쟁력 강화

경쟁력이 국가 경쟁력을 결정하는 1차적인 지표에 해당된다고 하였다.

**"문화콘텐츠 산업은 기업의 '경영 여건', 콘텐츠 자체의 '콘텐츠 원천', 정부의 지원과 관련된 '환경 조성'의 3박자가 맞아야만 지속 성장이 가능함"**

국내 문화콘텐츠의 경쟁력 수준을 확보하기 위해서는 인프라 위주의 기존 문화콘텐츠 경쟁력 지수의 한계점을 뛰어넘어, 기업-정부-콘텐츠 그리고 소비자의 관점을 고르게 반영한 문화콘텐츠 경쟁력 지수 개발이 필요하다.

또한 문화콘텐츠 관련 기업 및 기관의 지속성장을 위해 세계의

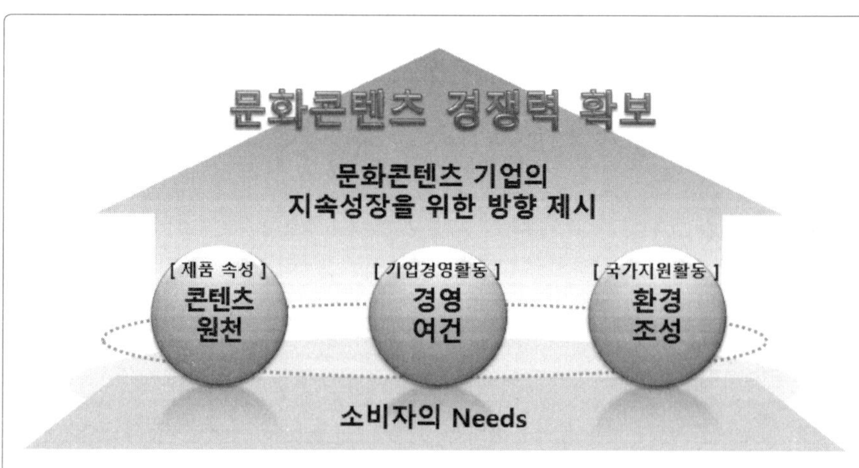


〈그림 4-9〉 문화콘텐츠산업의 성공 요소

문화콘텐츠 현황을 파악하고, 미래의 경쟁력 확보 방안을 제시하기 위해서는 문화콘텐츠 경쟁력 지수 개발을 통해 실질적인 지수 측정이 진행되어야 한다.

**"지수는 정기적인 측정이 이루어져야만 지수로서의 의미가 존재하므로, BM(Business Model)을 통해 지속적 측정이 가능함"**

개발된 문화콘텐츠 경쟁력 지수를 정기적으로 측정하여 발표하기 위해서는 정부 부처로부터의 사업비 지원이 필수적이다. 그리고 공신력 있는 기관 또는 기업과의 MOU 체결을 기반으로 지수의 지속적 측정 및 공표를 통한 사업화를 추진해야 한다. 신문사, 학회, 협회 등과 같은 공신력 있는 기관의 협력으로 경쟁력 지수를 공표한다면 보다 신뢰성 높은 지수가 될 수 있다(그림 4-10 참조).

공표된 경쟁력 지수의 결과치는 정부 부처에서 추진 정책 수립에 필요한 기초자료로 활용할 수 있으며, 콘텐츠산업에서 관련 기업들은 현 수준을 파악하여 취약/집중 분야에 대한 전략적 발전방안 수립에 도움이 될 수 있다.

**"공연 · 전시 · 창작산업의 고도화를 위해 요소기술의 개발뿐만 아니라 네트워크, 아카이빙, 콘텐츠제작 · 보급, 저작권보호 등 IT인프라의 개발과 보급이 병행 요구됨"**

문화콘텐츠 산업인 창작/전시/공연 분야는 아이디어 창출을 통

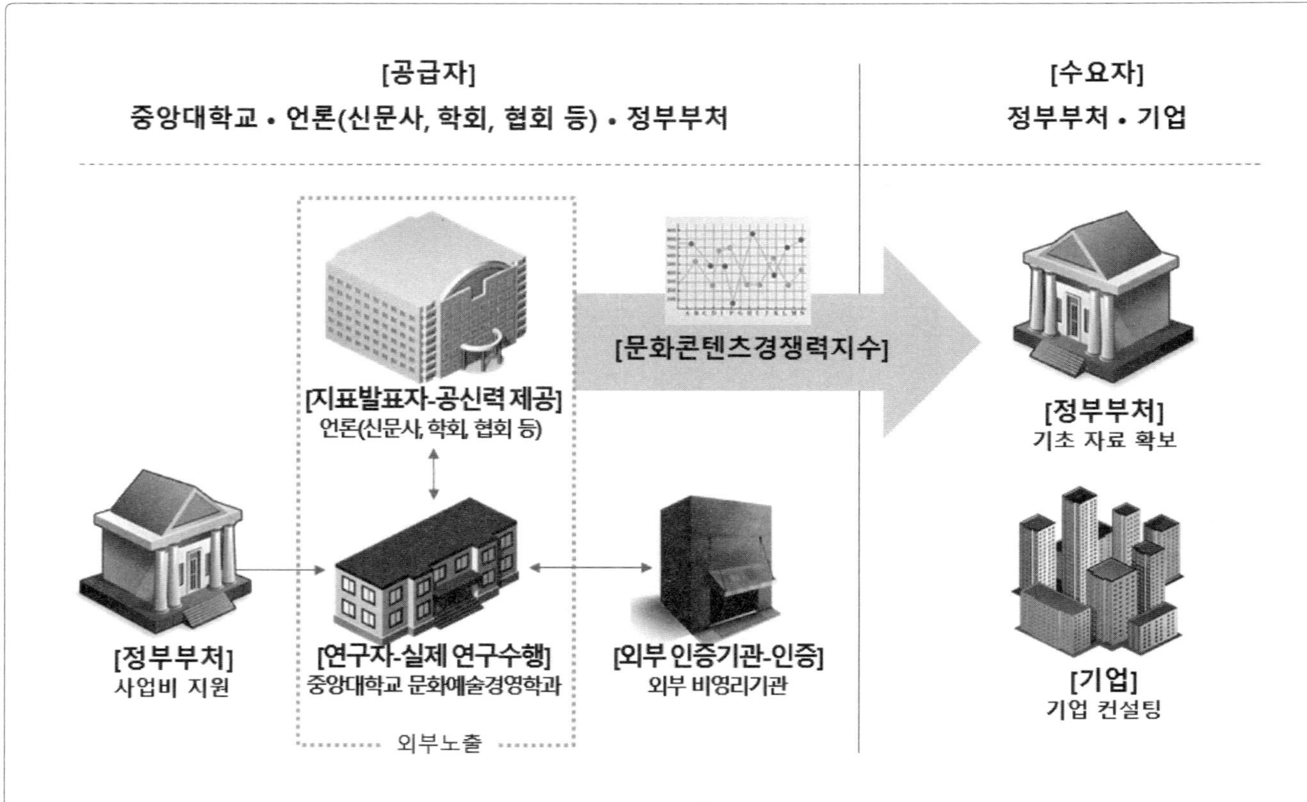


〈그림 4-10〉 한국콘텐츠진흥원의 연구용역 과제로서 개발된 문화콘텐츠 경쟁력 지수

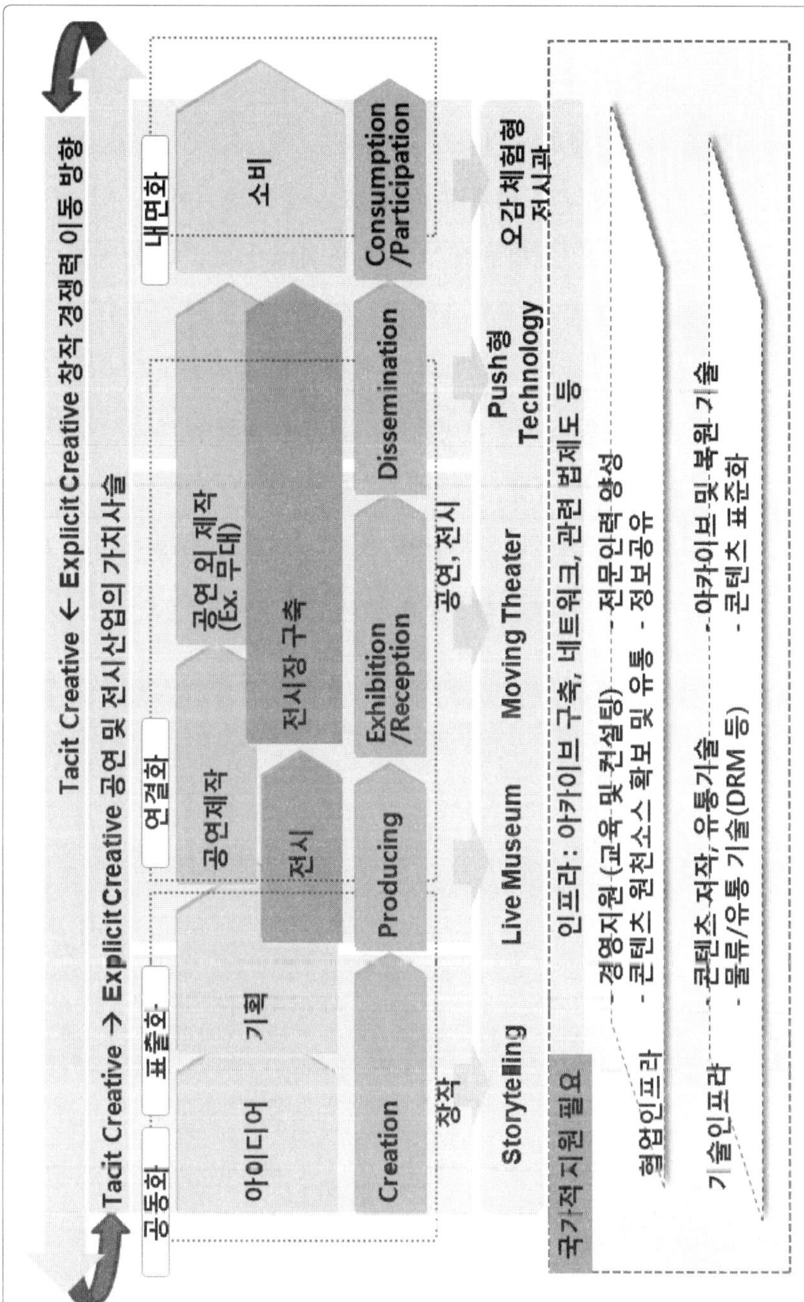


〈그림 4-11〉 공연 · 전시 등 문화예술산업의 가치사슬과 지원 분야

해 도출된 콘텐츠를 보여주는 방법으로 전시/공연을 채택하게 되고, 소비자들이 경험한 기대치를 다시 아이디어와 기획 과정으로 피드백해 주는 형태로 정의될 필요가 있다.

이 과정에서 스토리텔링, Live Museum, 움직이는 극장, Push Technology, 오감체험형 전시관 등의 과제가 도출되며, 이의 원활한 서비스를 위해 콘텐츠 아카이브 및 네트워크 인프라의 구축, 관련 법제도의 정비 및 개선 등의 국가적 지원 체계가 요구된다. 보다 세부적으로 기술인프라 측면에서는 콘텐츠 저작 및 유통, 아카이브화 및 복원, 물류/유통, 콘텐츠 표준화 등이 요구되며, 창작산업의 고도화를 위해 전문가 간 협업인프라로서 교육 및 컨설팅을 통한 전문인력 양성, 지식정보의 공유 등이 선행되어야 한다.

ECO SCIENCE
strategy of
new paradigm

# 에코사이언스: 새로운 패러다임의 생존 전략

# 5

# '창조' 개발사례

**"공공서비스 수출 사업화 플랫폼은 정부와 민간의 협업에 의해서 제공되어야 하는 새로운 서비스이기 때문에 창조의 사례에 해당한다고 볼 수 있다."**

〈그림 5-1〉에 나타난 대로 에코사이언스는 가치 '창조', 이해관계 '공유', 플랫폼을 통한 '연결'을 순차적으로 만든 다음 이것들이 동시에 작동하여 서비스를 생산하기 위한 하나의 산업생태계를 만들어나가는 것이다. 이 장에서는 '창조'의 개발 사례를 예시하기 위해서 공공서비스 수출산업을 국가 전략산업으로 육성하기

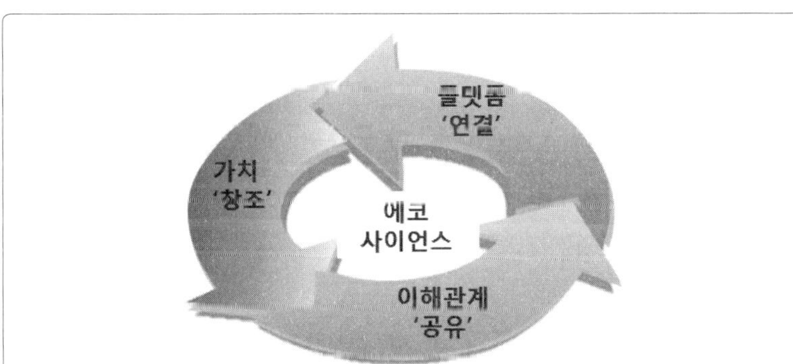


**〈그림 5-1〉** 에코사이언스의 구성

위해서 수행된 「공공서비스 수출 사업화 플랫폼 개발(산업자원부, 2012.6~2015.5)」 사례를 바탕으로 설명한다.

전자정부를 대표하는 공공서비스(public service)는 "정부가 재화와 용역으로 이용할 수 있게 책임을 지고 공급하는 서비스"로 정의하고 있으며, 사무의 범위는 지방자치법에 의거하여 설명하고 있다(이재필 외, 2009; 문신용 외, 2008; 李淳煥, 2010 등). 공공서비스는 행정 이외에도 교육, 예술, 복지, 에너지, 재난관리, 금융 등 사회 · 경제 · 산업 인프라 부문에 다양한 서비스 형태(컨설팅, 개발, 네트워크 · 시스템 통합, 플랜트, 아웃소싱 등)로 나타날 수 있다.

공공서비스 해외 수출을 추진하는 방식은 자금출처에 따라 기업이 직접 투자하는 방식의 '해외직접투자'와 ODA(Official Development Aid)나 EDCF(Economic Development Cooperation Fund)사업과 같이 지원자금을 이용하는 방식으로 나눌 수 있다. 아직 해외 레퍼런스를 확보하지 않은 국내의 경우, 해외진출 시 원조자금 사업을 우선적으로 추진하는 것이 권장되며, 수출 초기에는 원조자금 유형 중 발주사업에 대한 경쟁체계가 주도하는 ODA사업을 기반으로 경쟁력을 갖추는 것이 장려된다.

공공서비스는 공공성이 높은 영역으로 국가 간의 원조나 수출을 위한 효과적인 상품으로 적절하다. 이와 같이 새로운 산업으로 부상하고 있는 공공서비스의 수출 사업화를 통하여 경제적 파급효과를 기대할 수 있으며, 한국 상품 전반에 관한 국제적인 인지도 향상 및 국격 자체의 향상을 통한 국제적 경쟁력을 제고할 수 있다.

그럼에도 불구하고, 공공서비스 수출산업의 질적 성장을 이루기 위해서는 아래와 같은 수많은 장애물을 해결해야 하며 정부의 종합적이고 체계적인 지원 전략이 필요한 상황이다.

1. 공공서비스 수출은 상품 특성상 공공과 민간, 기타 관련 기관이 함께 진행해야 하는 사업으로 지속적인 협업체계 구축의 필요성이 존재한다.
2. 공공서비스 수출은 각 부처와 기관별(산자부, 기재부, 외교부, 중기청 등)로 각각 이루어지고 있다. 따라서 공공서비스 관련 콘텐츠 및 노하우 등이 정부, 공공기관, 기업(컨설팅 기업, SI 기업 등), 협회 등에 분산되게 하여, 기업의 수출사업 진행 시 다차원적 접근을 요구한다.
3. 공공서비스 수출산업의 생산성 향상을 위해 관련된 기관(기업)의 이해관계를 만족시키면서 각 기관(기업)을 통합시킬 수 있는 방법은 불분명하다.

이러한 문제 해결을 위해 공공서비스 산업혁신을 위한 통합적 관점의 프레임워크 개발이 요구된다. 현재 서비스 생산성 향상 및 서비스 개발, 비즈니스 모델과 같이 단일 차원의 방법론은 다수 존재하고 있으나(service science, service design, business model 등), 산업 수준에서 기획, 개발, 운영의 전 과정을 반영한 연구는 거의 없으며, 구체적인 접근법에 대한 연구는 전무한 실정이다. 즉, 산업 간 융합(convergence)을 바탕으로 한 급격한 패러다임 전환(paradigm shift) 시대의 산업혁신은 법제도, 인프라, 협력도구, 수익모델, 서비스인증 등 통합적 관점의 전략 수립과 실행계획이 병행되어 개발되어야 한다.

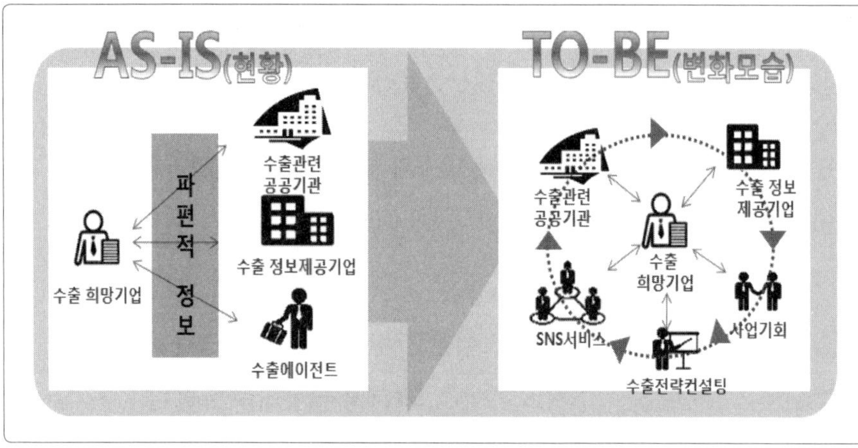


**〈그림 5-2〉** 공공서비스 수출지원 서비스의 개발방향

〈그림 5-2〉에는 수출희망 기업에 필요한 서비스의 개략적인 모습을 보여주고 있다. 이 장에서는 수출희망기업에 대한 지원 서비스의 도출과 서비스 실현을 위한 전략개발의 사례를 설명한다.

## 5-1 서비스 개발

공공서비스 수출은 한국형 공공서비스를 정부가 책임을 지고 해외국가에 공급하는 것이다. 따라서 공급자는 정부가 되고, 공공서비스 수출 프로세스에 따라 서비스 생산 및 제공 기업이 해외국가에 공급하게 된다. 여기서 사업심사, 계약, 사후평가와 같은 절차는 기업이 관여할 수 없는 국가 업무영역이다. 정부는 해외국가에 원조자금을 지원하고, 해외국가는 원조자금 및 예산을 바탕으로 자국

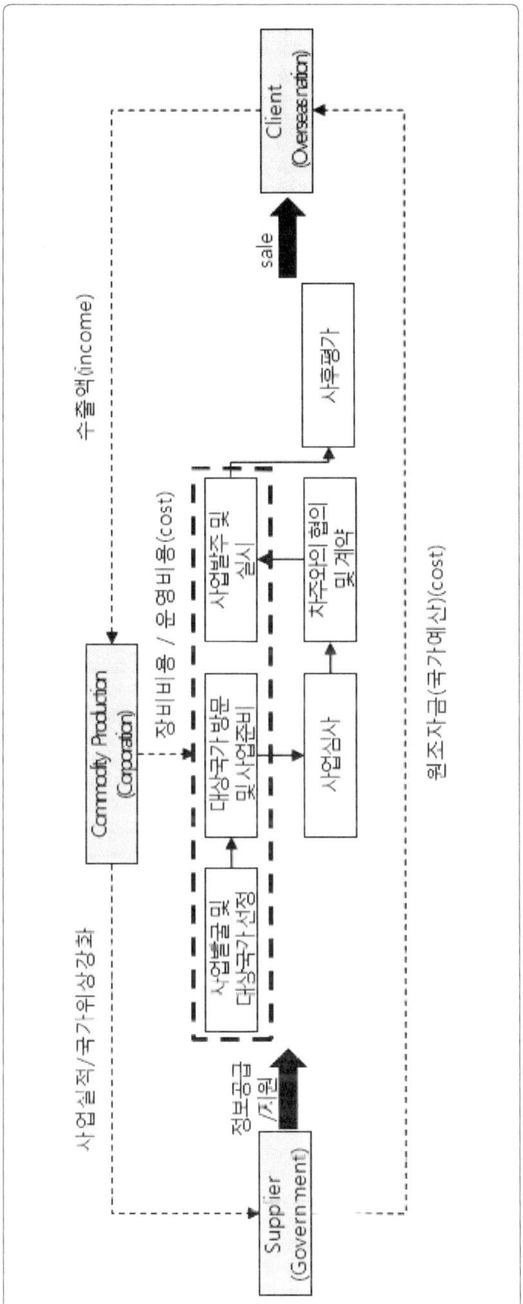


**〈그림 5-3〉** 일반적인 공공서비스 수출산업 서비스 모델

에 필요한 서비스를 기획 · 발주한다. 국내 기업은 경쟁을 통해 사업을 수주하여 해외국가에 서비스를 공급하고 이를 통해 수출액 증가 및 국가위상 강화 효과를 누릴 수 있다.

공공서비스 수출산업 생태계 구성원의 다수는 서비스 특성으로 인해 정부의 각 부처로 이루어져 있다. 즉, 공급자(각 부처), 시장 중개자(각 부처별 산하기관), 투자자와 소유자(각 부처), 정부기관과 규제기관(법제처, 안전행정부 등), 수출관련 협회와 단체 등으로 이루어져 있다.

현재 국내에서 수출관련 지원을 담당하고 있는 부처는 산업통상자원부, 외교부, 기획재정부, 중소기업청이 있는데, 각 부처들은 대한무역투자진흥공사(KOTRA), 한국국제협력단(KOICA), 한국수출입은행(KOEXIM), 중소기업수출지원센터와 같은 산하기관을 통해 수출 진흥을 위한 제도적 지원을 하고 있다. KOTRA와 중소기업수출지원센터는 민간기업의 직접투자사업을 중심으로 해외시장 개척에 주력하고 있으며, KOICA는 공적개발원조(ODA)사업, KOEXIM은 대외경제협력기금(EDCF)사업을 중심으로 진행하고 있다.

이와 같이 각 정부 부처의 분산된 사업진행은 수출산업 성장에 여러 가지 제약을 가져 온다.

1. 해외수출을 위한 사전기획 단계에서 국내 기업이 다수의 컨설팅 사업을 수행했음에도, 부처간 협업을 통한 전략적 지원(중복투자, 표준화 미흡 등)이 없어 대형 후속 사업으로 연결하지 못하고 있다.

2. 공공서비스 관련 콘텐츠 및 노하우 등은 정부, 공공기관, 기업(컨설팅 기업, SI 기업 등), 협회 등에 분산되어 있어 기업의 수출사업 진행 시 다차원적 접근이 요구된다.

공공정보를 갖고 있는 부처들은 서로가 공급자인 동시에 경쟁관계에 놓여 있기 때문에 부처 간 업무교류나 정보공유를 하는 일이 더욱 드물다. 따라서 시장 중개자인 각 산하기관들과 최종 소비자인 수출기업의 거래 수(transaction)는 증가할 수밖에 없는 구조가 형성되며 업무혼선과 민원이 가중되는 환경이 조성된다.

수출기업은 원하는 정보를 얻기 위해 여러 채널에 다수의 요청을 해야만 하고, 그로 인해 기업에 특화된 지원제도나 대상국의 최근 이슈, 그리고 문제발생 시 대응방법 등에 대한 정보를 얻는 데 한계가 있다. 이로 인해 해외지사를 통한 정보획득이 유용한 거대 기업이 독식하는 형태로 수출사업이 진행되고 있다.

이러한 상황에서 중소기업 수준의 수출기업에 필요한 서비스를 도출하기 위하여 우선 공적개발원조(ODA)(Official Development Aid) 사업 관련 선행연구(정충식 외, 2011; 송효진, 2013; 이미정 외, 2013; 조정문, 2007; 장경원 외 2009)와 해외직접투자 사업에 대한 선행연구(염광열 외, 2012; 홍창기, 2004; 표한형 외, 2011; 김은영, 2011)를 통하여 수출사업 프로세스 6단계를 정립하고, 그에 따른 문제점과 애로사항을 도출하였다.

다음으로 고객의 요구에 기반을 둔 신규 서비스 개발을 위해 관련 산업계(ITSA그랜드컨소시엄 내 수출기업 92개사, 국제산업컨설팅포럼), 컨설팅업체(삼정KPMG, 딜로이트, 인터젠컨설팅, 용컨설팅), 수출기업(삼성SDS, 동부CNI, 한화S&C, 위니텍, 중외정보기술 등), 공공기관(KOTRA, KOICA, KOEXIM, 한국보건복지정보개발원) 그리고 경영·정보시스템·비즈니스 모델 등 관련 학계의 전문가 5인을 대상으로 '개방형 설문'을 실시하여 기존 선행연구와는 차별화된 새로운 요인들을 도출하였다. 총 도출된 요구사항은 118건(문헌연구 26건, 인터뷰 및 설문조사 92건)이었으나, 중복되는 어휘 및 내용을 통합 및 제거하여 최종적으로 총 77건으로 요약 정리하였다. 신규 도출된 요인들은 응답횟수를 통하여 중요성을 측정하여(3회 이하 제외) 가장 다수 응답한 요인 14건을 도출하였다(표 5-1 참조).

최종 도출된 요구사항 14건을 '중요성'과 '실행용이성' 항목을 바탕으로 해외 활동 중인 에이전트 및 수출사업 전문가 15인을 대상으로 폐쇄형 설문(7점 척도)을 실시한 결과, 발주정보 통합제공, 수원국 의사결정자 정보제공, 현지 최근 이슈 정보제공, 유관기관 정보제공, 국내 수출지원제도 정보제공이 우선적으로 개발되어야 하는 서비스로 나타났다.

한편, 수원국의 의사결정자 정보(조직도, 담당 공무원 등) 제공이 가장 중요한 서비스로 평가되었지만, 개도국 행정체계의 잦은 변동 및 인맥과 로비 등으로 인한 접근의 한계 때문에 현실성이 낮게 평가된 것을 알 수 있다. 에이전트 인증과 사고대응체계 정보제공 역시 기업정보 제공의 비현실성과 실시간 정보 반영의 어려움 등으로 인하여 실행용이성 부문 최하위 점수를 기록하였다.

다음으로 신규 요구사항 도출 및 요구사항의 중요성과 실행용이

〈표 5-1〉 요구사항 우선순위 도출

| 구분 | 요구사항 | 중요도 점수 | 실행용이성 점수 | 합계 | 우선 순위 |
|---|---|---|---|---|---|
| **[1단계]** 사업 발굴 조사 및 대상국가 선정 | 1.현지 최근 이슈 정보제공 | 5.33 | 5.33 | 10.66 | 3 |
| | 2.국내 수출지원제도 정보제공 | 4.8 | 5.64 | 10.44 | 5 |
| | 3.수출컨설팅 | 4.4 | 5.07 | 9.47 | 12 |
| **[2단계]** 대상국가 방문 및 사업 준비 | 4.수원국 의사결정자 정보제공(조직도 등) | 6.53 | 4.2 | 10.73 | 2 |
| | 5.유관기관(전문기업) 정보제공 | 5.13 | 5.47 | 10.6 | 4 |
| | 6.컨설턴트 정보제공 | 5.4 | 4.8 | 10.2 | 6 |
| | 7.전문인력 정보제공 | 5.6 | 4.13 | 9.73 | 10 |
| | 8.사업요구사항 정보제공(기획배경) | 5.4 | 4.13 | 9.53 | 11 |
| **[4단계]** 차주와의 협의 및 계약 | 9.에이전트 인증 | 5.2 | 3.87 | 9.07 | 13 |
| **[5단계]** 사업발주 및 실시 | 10.법률 정보제공 | 5.33 | 4.8 | 10.13 | 7 |
| | 11.상관습 및 유의사항 정보제공 | 5.13 | 4.8 | 9.93 | 8 |
| | 12.커뮤니티 | 4.87 | 4.93 | 9.8 | 9 |
| | 13.사고대응체계 정보제공 | 4.53 | 3.93 | 8.46 | 14 |
| **[6단계]** 사후평가 | 14.발주정보 통합제공 | 5.87 | 5.33 | 11.2 | 1 |

주: [3단계] 사업심사는 개도국의 요청에 의해 수출입은행이 자금공여의 필요성을 검토하는 단계로서 이와 관련한 기업들의 요구사항은 나타나지 않음.

성 평가를 통하여 우선 도입해야할 서비스 컨셉을 확보하고, 공공서비스 수출 프로세스별 플랫폼의 신규 서비스 일곱 가지를 설계하였다(표 5-2).

〈표 5-2〉 고객 요구사항 기반 플랫폼 신규 서비스 도출

<table>
<tr><th rowspan="2">수출<br>단계</th><th rowspan="2">신규서비스<br>(해결방안)</th><th>내용</th><th rowspan="2">요구<br>사항</th></tr>
<tr><th>구분</th></tr>
<tr><td rowspan="10">1단계<br>(기업수출 준비 및 대상국가 선정)</td><td rowspan="2">현지 정보 제공 서비스</td><td>국가별 최신이슈, 시장규모 및 향후 성장전망, 인프라(전기, 가스, 수도, 네트워크, 금융시스템 등)정보를 제공해주는 서비스</td><td rowspan="2">정보</td></tr>
<tr><td>• 시장규모 및 향후 성장전망 정보<br>• 현지 사정파악(수원국의 사업 추진 배경 등)<br>• 현지 인프라(전기, 수도, 네트워크, 금융시스템 등)</td></tr>
<tr><td rowspan="2">발주정보 통합제공 서비스</td><td>나라별/산업별, 현지 사정(사업추진 배경), 각국별 ODA규모 정보 등을 제공해주는 서비스</td><td rowspan="2">정보</td></tr>
<tr><td>• 발주정보의 나라별/산업별 모음<br>• 각국 별 책정된 ODA규모 정보</td></tr>
<tr><td rowspan="2">수출지원 제도 정보 제공 서비스</td><td>수출지원제도의 이용절차에 대한 정보를 제공하주는 서비스</td><td rowspan="2">정보</td></tr>
<tr><td>• 수출지원제도의 이용절차의 복잡성 및 미비성</td></tr>
<tr><td rowspan="2">전문 인력 정보제공 서비스</td><td>마케팅 또는 현지 언어가 능통한 해외 전문 인력 및 , 수출에이전트 정보를 제공해주는 서비스</td><td rowspan="2">정보</td></tr>
<tr><td>• 해외 마케팅 전문 인력 부족</td></tr>
<tr><td rowspan="2">수출컨설팅 서비스</td><td>국가별 최신이슈 고려하여 기업 역량 별 맞춤형으로 수출 컨설팅을 지원하는 서비스</td><td rowspan="2">컨설팅</td></tr>
<tr><td>• 국가 최신이슈 고려 후 자금공여가능성/서비스 후보 도출<br>• 기업 역량 별 맞춤형 서비스 제공할 수 있는 기반 조성</td></tr>
<tr><td rowspan="4">2단계<br>(대상국가 방문)</td><td rowspan="2">에이전트 인증 서비스</td><td>수출에이전트에 대해 신뢰도 인증을 지원하는 서비스</td><td rowspan="2">협업</td></tr>
<tr><td>• 수출에이전트에 대한 정보와 신뢰도</td></tr>
<tr><td rowspan="2">의사결정자 정보제공 서비스</td><td>수원국의 사업과 관련이 있는 의사결정자 및 조직(주무부처)에 대한 정보를 제공해주는 서비스</td><td rowspan="2">정보</td></tr>
<tr><td>• 사업관련 의사결정자/조직정보(조직구조, 주무부처 등)</td></tr>
</table>

**〈표 5-2〉** 고객 요구사항 기반 플랫폼 신규 서비스 도출 〈계속〉

| 수출단계 | 신규서비스 (해결방안) | 내용<br>구분 | 요구사항 |
|---|---|---|---|
| 2단계 (대상국가 방문) | 사업요구사항 정보제공 서비스 | 대상국가 방문 시 사전 작업을 위한 정보(인맥 및 로비, 자금관련 정보 등)를 제공해주는 서비스 | 정보 |
| | | • 자금조달조건, 자금상황 등의 사업 요구사항<br>• 수원국의 사업 관심도 파악 | |
| 3단계 (사업유형결정) | 컨설턴트 정보제공 서비스 | 해외사업이 가능한 독립 컨설턴트에 대한 정보를 제공해주는 서비스 | 정보 |
| | | • 해외 사업이 가능한 독립 컨설턴트 선택 | |
| 4단계 (사업발주) | 법률 정보 제공 서비스 | 정산 관행, 계약 관련 법률, 재판, 보험, 안전 등에 대한 법률정보를 제공하는 서비스 | 정보 |
| | | • 관련 법률에 대한 사전 정보 부족<br>• 정산관행, 계약 관련 정보 | |
| 5단계 (사업계약) | 유관기관(전문기업 등) 정보제공 서비스 | 컨소시엄 구성 시 전문기업 및 현지 한국기업(사업 진출내용 및 지원가능여부 등), 유관기관 정보를 제공하는 서비스 | 정보 |
| | | • 컨소시엄 구성 시 믿을만한 전문기업, 유관기관 정보 | |
| | 상관습 및 유의사항 정보제공 서비스 | 상관습 및 비공식적 계약관행에 관한 유의사항 정보(인맥/로비, 국가별 대금지급방식 등)를 제공해주는 서비스 | 정보 |
| | | • 상관습 및 거래 시 유의사항 정보 | |
| 6단계 (사업실행) | 사고대응체계 정보제공 서비스 | 사업진행 시 사고유형에 따른 대응체계와 실행방안 정보를 제공하는 서비스 | 정보 |
| | | • 사고유형에 따른 대응체계와 실행방안 상세 내역 | |
| | 커뮤니티 서비스 | 진출사례와 이해당사자 간의 지식 정보 공유를 위한 협업/네트워크를 지원하는 서비스 | 협업 |
| | | • 사례와 지식 정보 공유위한 산학연 협력체계 마련<br>• 해외 비즈니스 활동 지원 정부<br>• 현지 진출 한국기업의 지원과 도움 | |

신규 도출된 열네 가지 요구사항이 모두 반영될 수 있도록 고려하였으며, 서비스의 신규 카테고리는 크게 정보제공 서비스, 컨설팅 서비스, 커뮤니티 서비스, 인증서비스로 구성되어 있다. '발주정보 통합제공' 서비스는 국가별 실시간 발주정보 제공을 기반으로 낙찰 이후의 사업은 통계분석을 통해 해당국가와 공공서비스 분류, 그리고 연도별 추세를 확인할 수 있다. 기존 수출지원 사이트에서 자가 진단을 기반으로 공공기관의 지원사업과 연계할 수 있는 컨설팅을 진행했다면, 본 플랫폼에서는 업계 평균과의 비교를 통해 자사의 수준을 진단하고, 국가환경 및 에이전트의 요구수준과의 Gap분석을 기반으로 수출 유망국을 추천해주는 컨설팅 서비스를 실시한다. 특히, 플랫폼의 지식거래 기능은 폐쇄형 SNS를 기반으로 수출 사업자와 컨설턴트, 전문인력, 에이전트 등이 필요한 정보소스를 맞춤형으로 제공할 수 있으며, 이러한 정보거래 활동 후 품질평가를 통하여 정보 제공자의 신뢰도를 측정할 수 있다.

신규 공공서비스 수출 플랫폼이 제공하는 정보의 종류는 크게 정보 대상에 따라 기업, 국가, 공공서비스, 제공서비스로 분류하였다(표 5-3). 여기에서 '기업'이란 서비스를 수출하거나 컨소시엄을 구성하고, 기업의 수출을 지원하는 모든 기업에 대한 정보를 말한다. '국가'란 공공서비스를 수출하는 대상이 되는 기업에 대한 정보를 말한다. '공공서비스'란 수출하기 위한 서비스에 대한 정보를 의미하고, '제공서비스'는 기업이 공공서비스를 수출하면서 받을 수 있는 지원 서비스를 의미한다.

수출 플랫폼이 제공하는 정보는 제공 방식에 따라 '직접 제공' 방

〈표 5-3〉 수출 플랫폼의 처리정보

| 구분 | 국가 | 기업 | 공공서비스 | 제공서비스 |
|---|---|---|---|---|
| 직집 제공 | • 시장규모<br>• 현지 인프라정보(전기, 수도, 네트워크, 금융시스템)<br>• 향후 성장전망<br>• 국가별 최신 이슈<br>• 국가별/산업별 발주정보<br>• 사업추진 배경<br>• 국가별 ODA 규모<br>• 국가최신 이슈<br>• 자금공여가능성<br>• 자금조달요건<br>• 사업요구사항<br>• 수원국의 관심 사업<br>• 관련 법률 사전 정보<br>• 정산 관행<br>• 계약 관련 정보<br>• 재판, 보험 등에 대한 법률 정보<br>• 상관습 정보<br>• 거래 시 유의사항<br>• 계약 관련 법률 | • 마케팅 전문 인력 정보<br>• 현지 언어 능통한 전문 인력 정보<br>• 수출에이전트 정보<br>• 기업역량<br>• 수출에이전트 신뢰도<br>• 사업관련 의사결정자 정보<br>• 사업관련 조직 정보<br>• 신뢰 가능한 전문 기업<br>• 유관기관 정보 | • 서비스 정보 | • 수출지원제도의 이용 절차<br>• 수출지원제도 정보<br>• 수출지원제도 이용절차<br>• 사고 유형에 따른 대응 체계<br>• 사고 대응 방안<br>• 진출 사례<br>• 해외 비즈니스 활동 지원 정보<br>• 현지 진출 한국기업 정보 |
| 가공 후 제공 | • 현지사정파악<br>• 발주정보(국가별/산업별)<br>• 역량별 서비스 제공 기반<br>• 사전작업을 위한 정보(인맥, 로비, 자금 관련)<br>• 비공식적 계약관행에 관한 유의사항(인맥/로비, 국가별 내금지급방시) | • 해외 마케팅 전문 인력 정보<br>• 수출 에이전트 인증<br>• 컨소시엄 가능한 선문 기업<br>• 해외 사업이 가능한 긴설팅 업체 | • 서비스 후보 | • 수출 컨설팅<br>• 지식 정보 공유 |

식과 '가공 후 제공' 방식으로 구분하였다. 직접 제공 방식은 외부 관련 기관이 보유하고 있는 정보를 가공하지 않고 바로 사용자 또는 프로세스에 제공되는 정보를 의미하고, 가공 후 제공 방식은 외부 관련 기관이 보유하고 있는 정보를 기반으로 데이터를 가공하여 사용자에게 제공하는 것을 의미한다.

## 5-2 전략 개발

**"플랫품을 중심으로 한 상생의 협력 전략이 필요함"**

사업추진 CSF(Critical Success Factor)를 도출한 결과, 사업의 성공요소로 역량진단/매칭서비스 기반 공공서비스 수출 사업화 플랫폼 구축, 데이터 연계를 위한 협력체계 구축, 초기 수익원 확보를 위한 전략적 영업, 제품/서비스 Awareness 조기 확산을 도출하였다. CSF를 도출하기 위한 조사/분석 활동은 아래와 같다.

- 시장 분석
  - ODA/EDCF 등 원조자금 시장의 규모가 확산되고 있음
  - 국내 시장의 포화로 인해 해외 시장으로 진출하는 기업의 수가 늘어나고 있으며, 이와 관련된 컨설팅 시장이 폭발적으로 증가
- 고객 요구 분석
  - 수출 프로세스 별 맞춤형 서비스 제공

- 방대한 발주정보를 필터링 하는 서비스
- 사용자 접근성이 높은 서비스 인터페이스(UI)
- 수출 사업 이해관계자 간 협력 방안 설계

● 기존 서비스 분석

- Bidding List 전문 제공/수출진흥기관/산업별 진흥기관 등이 운영
- 대량의 발주정보를 다루고 있으나 사용자가 쉽게 사용할 수 있도록 지원하는 관리체계(예: MDM 등) 미비

● 사업화 역량 분석

- 유관부처와 기관 등과 협조할 수 있는 창구 확보 및 Captive Market 보유(포럼, 회원사 등)
- 사용자 친화적인 UI 기반의 플랫폼 설계 역량 보유
- 지식 기반의 서비스를 제공할 수 있는 다양한 분석 역량 보유

● 사업화 추진 CSF는 다음과 같이 사업화 전략을 도출하여 서비스를 제공

- Product: 역량진단/매칭 서비스 기반 공공서비스 수출 사업화 플랫폼 구축
- Contents/Service: 공공데이터 연계를 위한 협력체계 구축
- Sales: 조기 수익원 확보를 위한 전략적 영업
- Marketing: 제품/서비스 Awareness 조기 확산

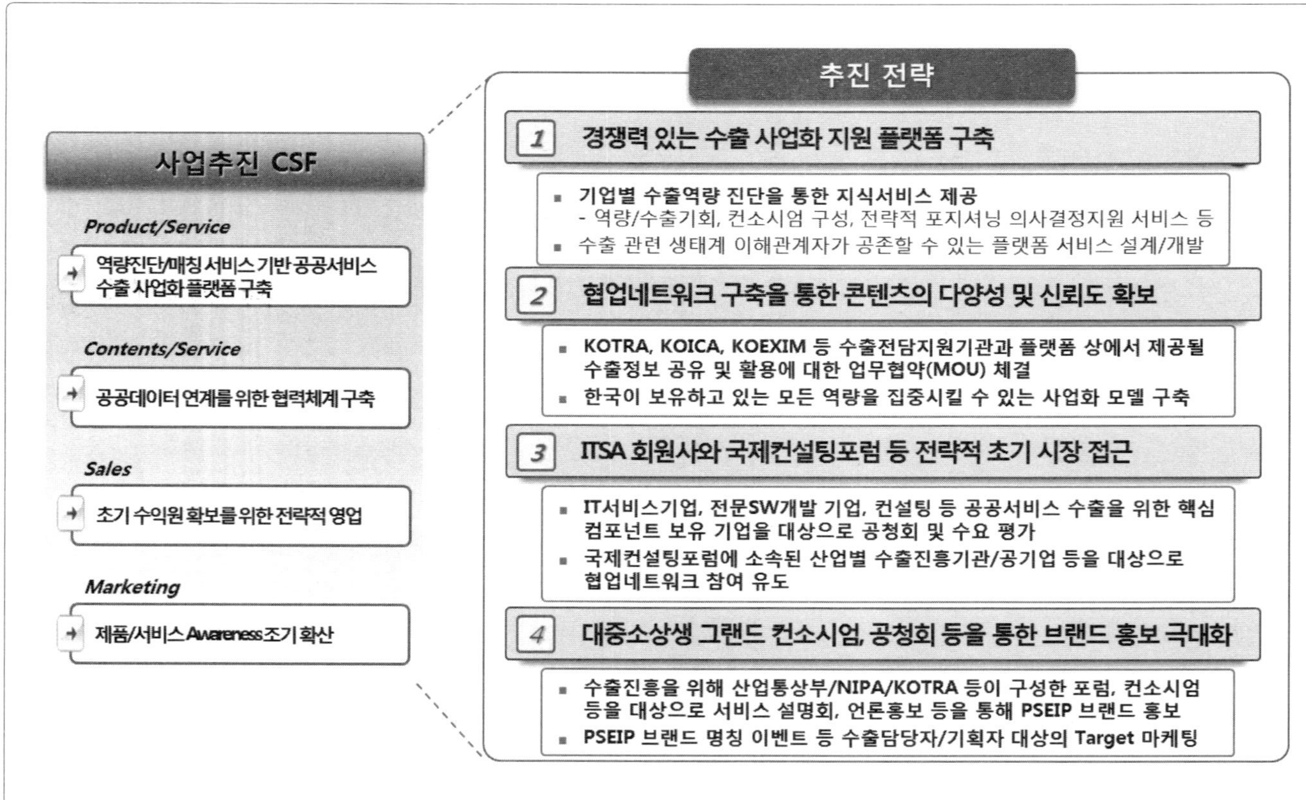


〈그림 5-4〉 사업화를 위한 CSF와 추진전략

**"경쟁력 있는 서비스 플랫폼을 구축하고 협업네트워크 구축을 통한 콘텐츠의 다양성 및 신뢰도를 확보하며 전략적 초기 시장 접근 및 브랜드 홍보 극대화 전략 하에 사업을 추진할 필요가 있음"**

앞에서 설명한 CSF를 반영하여 성공적으로 사업추진을 하기 위해서 필요한 세부 전략은 아래와 같이 도출되었다.

- 경쟁력 있는 수출 사업화 지원 플랫폼 구축
  - 기업별 수출 역량 진단을 통한 지식서비스 제공
  - 역량/수출기회, 컨소시엄 구성, 전략적 포지셔닝, 의사결정지원 서비스 등 제공
  - 수출 관련 생태계 이해관계자가 공존할 수 있는 플랫폼 서비스 설계/개발
- 협업네트워크 구축을 통한 콘텐츠의 다양성 및 신뢰도 확보
  - KOTRA, KOICA, KOEXIM 등 수출전담지원기관과 플랫폼 상에서 제공될 수출정보 공유 및 활용에 대한 업무협약(MOU) 체결
  - 한국이 보유하고 있는 모든 역량을 집중시킬 수 있는 사업화 모델 구축
- 관련 협회 회원사와 국제컨설팅포럼 등 전략적 초기 시장 접근
  - IT서비스기업, 전문SW개발 기업, 컨설팅 등 공공서비스 수출을 위한 핵심 컴포넌트 보유 기업을 대상으로 공청회 및 수요

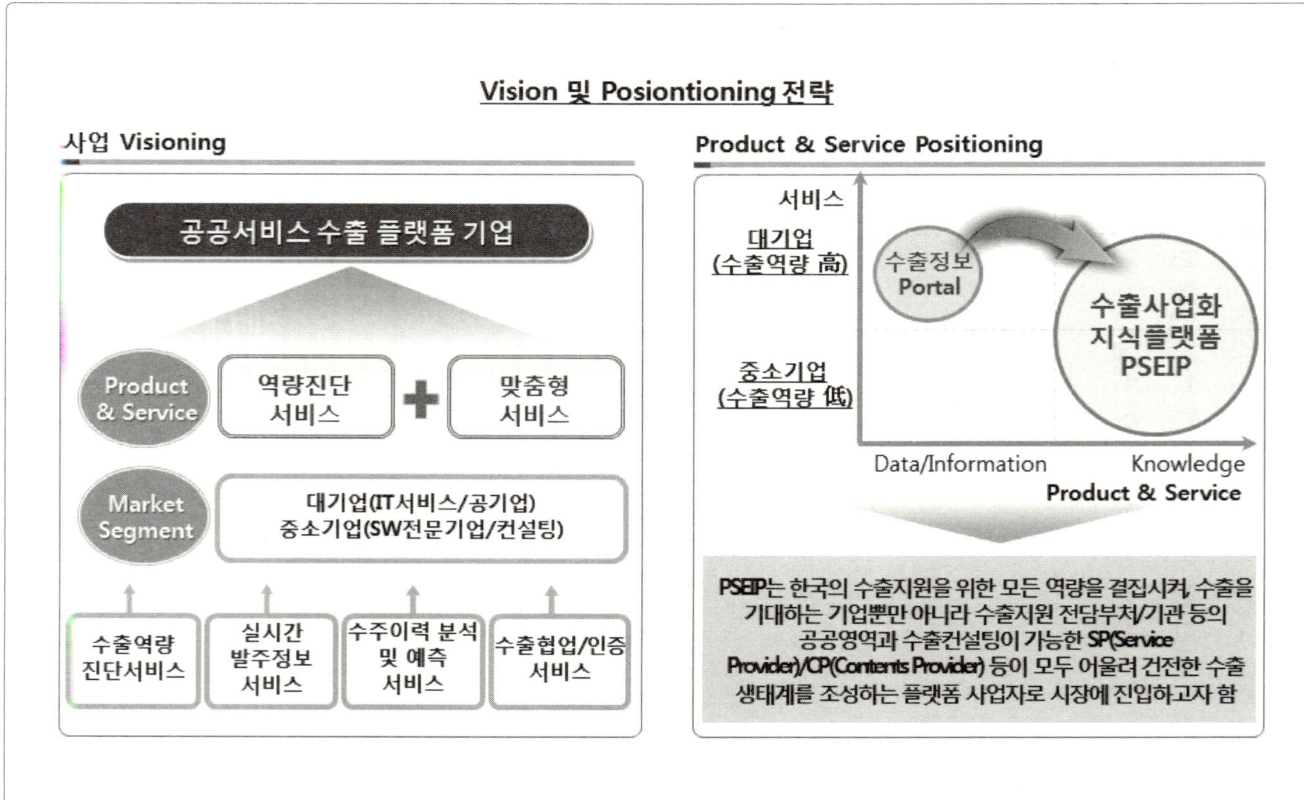


〈그림 5-5〉 공공서비스 수출 사업화 플랫폼의 Vision 및 Positioning 전략

평가

- 국제컨설팅포럼에 소속된 산업별 수출진흥기관/공기업 등을 대상으로 협업네트워크 참여 유도

● 대중소 상생 그랜드 컨소시엄, 공청회 등을 통한 브랜드 홍보 극대화

- 수출 진흥을 위해 산업통상부/NIPA/KOTRA 등이 구성한 포럼, 컨소시엄 등을 대상으로 서비스 설명회, 언론홍보 등을 통해 PSEIP 브랜드 홍보
- PSEIP(Public Service Export Integration Platform) 브랜드 명칭 이벤트 등 수출담당자/기획자 대상의 Target 마케팅

● PSEIP는 IT기반 공공서비스를 수출하는 IT서비스기업, SW개발기업, 그리고 관련 컨설팅기업을 초기 목표시장으로 설정하고, 향후 공공기관과 SP/CP 등의 Agent, 학계/연구계 등을 고객범위로 확대

● 공공서비스 수출 사업화 플랫폼의 사업 추진 전략을 위한 목표시장 분석은 다음과 같음

- IT서비스기업, SW개발기업, 컨설팅기업: IT기반의 공공서비스를 수출하기 위한 컨소시엄 구성, 수출추진을 위한 역량진단과 관련 정보, 그리고 매칭 서비스 등을 제공
- 공공기관: 수출기회를 포착하지 못하는 공공기관을 대상으로 미래 수출가능한 서비스를 홍보하고, 수출 가능 국가를 선별하여 제공하는 매칭 서비스 등을 제공
- SP(Service Provider), CP(Contents Provider): developer(사업개발자),

〈표 5-4〉 공공서비스 수출 사업화 플랫폼의 사업 추진 전략을 위한 단계별 목표 시장

| 단계 | 내용 | 특성 |
|---|---|---|
| 1단계 | IT서비스기업, SW개발기업, 컨설팅기업 | IT기반 공공서비스 수출 영역으로 대중소 컨소시엄 구성/Bidding 관련 정보 등 기대 |
| 2단계 | 공공기관 | 우수한 공공서비스를 보유하고 있음에도 불구하고, 수출 기회를 포착하지 못하고 있음 |
| 3단계 | SP(Service Provider)/CP(Contents Provider) 등 Agent | 수출컨설팅, 시장조사, Right Person 등 현지 정보를 다수 보유하고 있으나,신뢰성 관련하여 이슈가 발생 |
| 4단계 | 학계/연구계 | 분석과 예측 등을 위해 보다 정교하고 신뢰성/타당성을 확보할 수 있는 연구 데이터 제공 및 서비스 개선 피드백 |

컨설팅, 시장조사기관 등 사업자를 대상으로 플랫폼에서 제공하는 데이터와 연계하여 신규 서비스/콘텐츠를 제공할 수 있도록 지원하고, 이와 함께 우수한 SP/CP를 인증하는 서비스도 병행 제공

- 학계/연구계: 수출관련 데이터를 통해 연구활동 지원

- 공공서비스 수출 사업화 플랫폼의 사업 서비스 차별화를 위해 PSEIP는 수출기업에 대한 역량 진단을 통해 단계별 이슈와 문제점을 해결할 수 있는 지식서비스 제공과 수출 컨설팅 역량을 보유한 외부 SP/CP 등이 비즈니스 활동을 수행할 수 있는 생태계 플랫폼으로 구축을 하고자 함

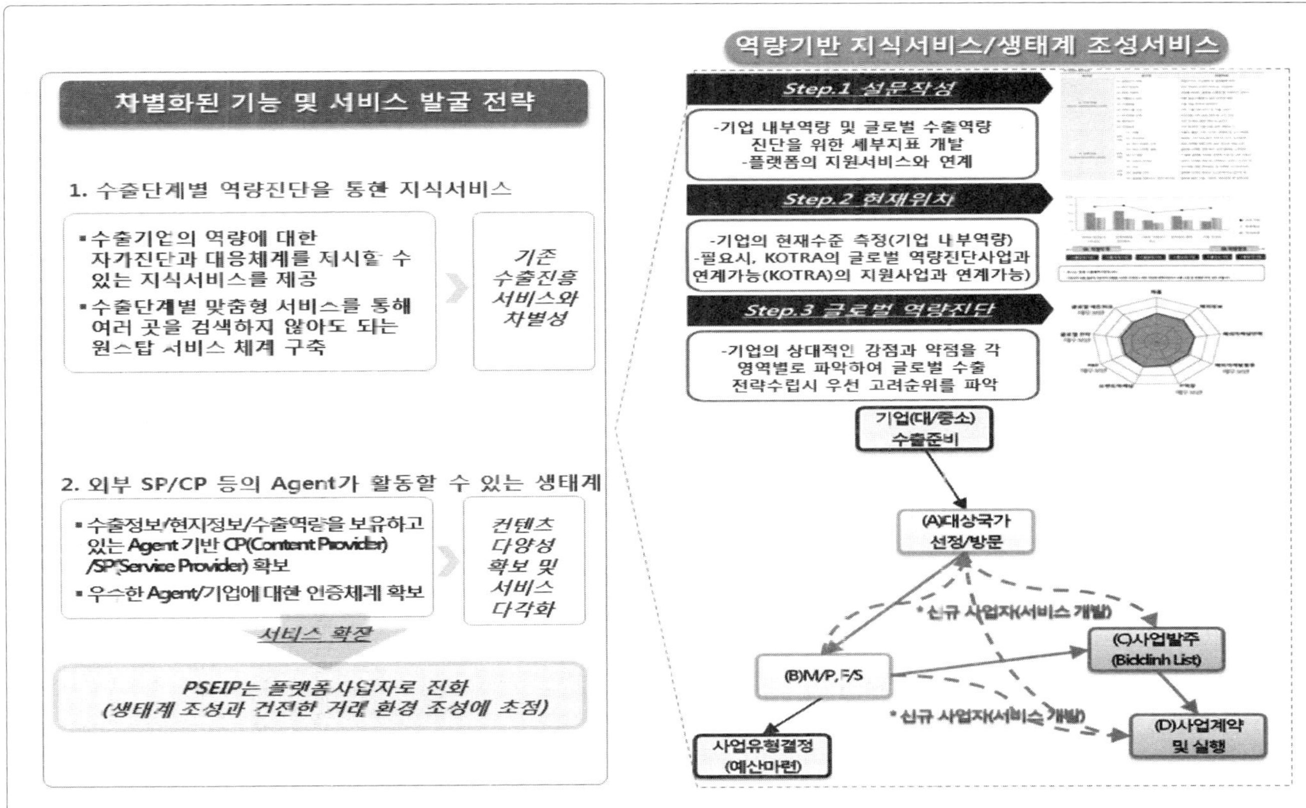


〈그림 5-6〉 공공서비스 수출 사업화 플랫폼의 서비스 차별화 전략

공공서비스 수출산업 환경에서 각 부처들 간 매개역할을 해줄 사업화 주체는 플랫폼을 중심으로 사업을 운영하게 될 것이다. 여기에서는 아주 구체적인 전략은 수립하기가 힘들기 때문에 예상할 수 있는 일반적인 전략을 도출하였다. 플랫폼을 중심으로 생각해 볼 수 있는 운영전략의 큰 틀은 다음과 같을 것으로 예상된다.

1. 플랫폼의 유인전략을 중심으로 멀티 사이드에 위치한 소비자들의 참여를 통한 선순환 생태계가 구축된다.
2. 플랫폼의 신규 비즈니스 모델을 통해 민간부문의 참여가 가능해지고, 기존 경쟁자는 교류 및 협력관계로 발전한다.

우선 시장 중개자가 통합된 플랫폼을 중심으로 양 사이드에 공급측면과 수요측면의 소비자가 존재하게 되는데, 이들 소비자를 유인하기 위한 플랫폼의 핵심 서비스가 중요하며, 이를 통해 더 많은 사업자가 모여 양질의 서비스를 제공함으로써 다시 소비자가 유인되는 선순환구조가 구축된다.

공급측면 소비자는 공공과 민간의 두 영역으로 나뉘는데, 기존 각 부처와 산하기관에서 보유하고 있던 수많은 정보들이 통합되어 플랫폼에 연계됨으로써 기존의 경쟁관계는 협력과 공생의 관계로 변화된다. 또한 민간영역에서는 고급정보를 소유하고 있는 개인 및 기업들에게 신규 비즈니스 기회가 창출되며, 컨설팅 등과 같은 수출사업 프로세스에 있는 지원 활동들의 수요가 발생할 수 있다. 결과적으로 신규 비즈니스 기회는 민간의 참여를 유도해 플랫폼 활동으로 끌어들이는 역할을 하여 공공과 민간의 폭넓은 정보 제공과 활

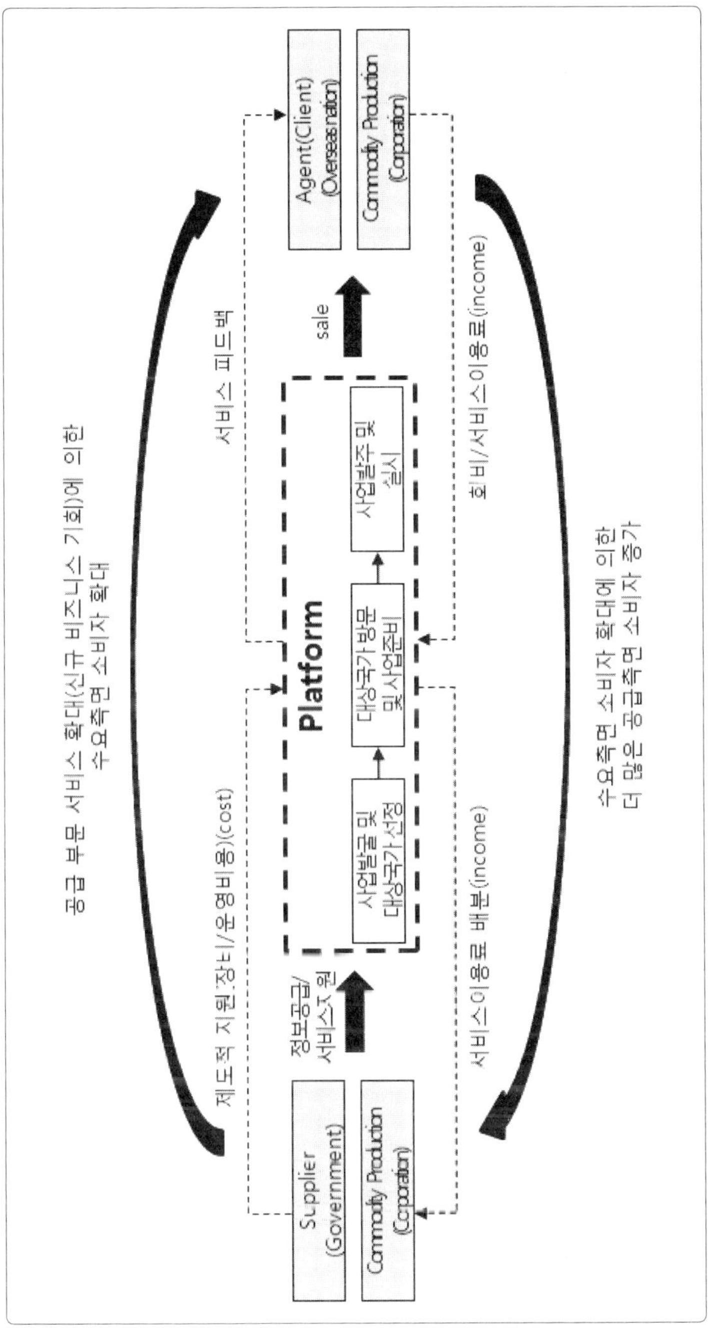


〈그림 5-7〉 공공서비스 수출산업화 서비스 참여자 확대 전략

발한 교류를 가능하게 한다.

플랫폼의 구축을 통하여 개별 중소기업으로서는 접근이 어려웠던 민관의 수출정보가 한데 모이고, 수요측면의 소비자인 국내외 대중소 기업이 서비스를 제공받기 위한 거래채널의 단일화가 이루어짐으로 인해 이전에는 대기업의 참여기업으로만 가능했던 수출사업을 중소기업이 주도적으로 진행할 수 있는 역량을 확보할 수 있다.

뿐만 아니라 공공서비스 지원 플랫폼의 운영을 위한 컨트롤타워가 마련됨으로써 이전까지는 전자정부로만 대변되던 공공서비스 수출 산업에 대한 위상을 확보하고, 지속적인 지원정책 마련을 위한 교두보로 작용할 수 있다.

**"수출 관련 데이터를 보유하고 있는 기관과 데이터 공유체계 구축을 통하여 서비스 역량을 높임"**

공공서비스 플랫폼에 연계할 수 있는 데이터를 보유하고 있는 기관으로는 한국수출입은행, 한국정보문화센터, KOTRA, KISA, NIPA, KOSA 등을 들 수 있다. 플랫폼의 지속적인 데이터 연계 및 공유를 위하여 해당 기관 공공데이터를 분석하고, 기관에 피드백을 전달하는 등 데이터를 제공하는 기관과 상생할 수 있는 방안이 반드시 모색되어야 한다. 이것에 대해서는 다음 장에서 구체적으로 설명한다.

구체적인 운영전략은 실제 사업화를 추진할 때에 수립되는 것이

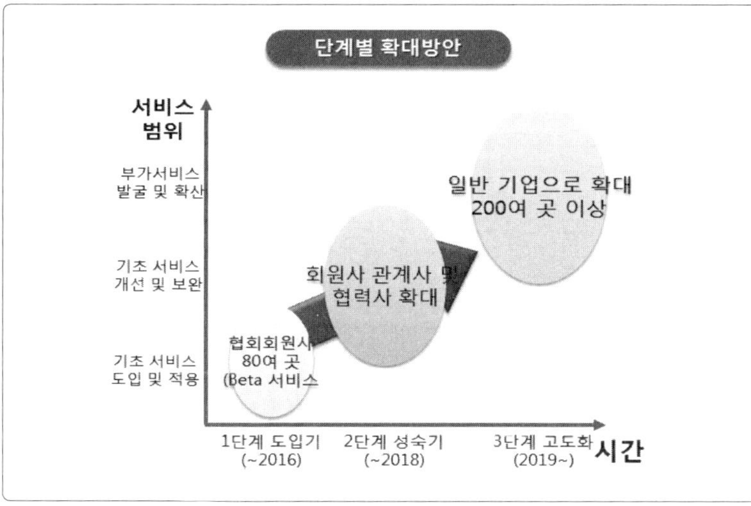


〈그림 5-8〉 서비스 확산 전략

맞지만 예시를 위하여 〈그림 5-8〉과 같이 생각해 볼 수 있다. 사업화 초기에는 중소기업 관련 협회와 같은 기관을 중심으로 회원사를 대상으로 베타 서비스를 실시할 수 있을 것이다. 그런 다음에 위에서 설명한대로 이해관계기관들을 영입하여 본격서비스 실시단계를 생각해볼 수 있다. 그런 다음 점진적으로 서비스를 개선함과 동시에 회원기업을 확대하는 단계가 있을 것이다.

〈그림 5-8〉에서는 홍보, 판로확대, 서비스 확대에 대해서 실시해 볼 수 있는 구체적인 실행전략을 예시로 보여주고 있다.

〈표 5-5〉 지속적 운영전략

| 구분 | 추진방안 | 수행내용 |
|---|---|---|
| 홍보 | 설명회개최 | 플랫폼 기술적용 세미나개최 및 사례소개 |
| | 언론보도 | 플랫폼 기술개발 성과소개 |
| | 유관기관을 통한 온라인 홍보 | 참여기관 및 수출관련 홈페이지를 활용한 온라인 홍보 |
| | 체험 사이트 구축 및 서비스 제공 | 웹기반에서 실제 사용해 볼 수 있는 사이트 구축 및 서비스 제공 |
| 판로 확대 | 수출 영역별 협력기관 확보 | 각 전문 수출 분야별 전문기관과의 협력체계 구축 |
| | 수출기업 대상 수요조사 | 기존 수출지원서비스 수요기업 대상 수요조사를 통한 참여의향 파악 |
| 서비스 확대 | 서비스 패키지화 | 핵심 요소기술의 패키지 형태의 판매를 통한 사용자의 선택적 적용 |
| | 서비스체계 구축 | 플랫폼 사용교육, 기술 및 운영지원 서비스를 위한 상시지원체계 마련 |
| | 사용자 교육 | 서비스 제공자 및 콘텐츠 제공자를 위한 사용자 교육 실시 |
| | 수출 콘텐츠 업데이트 | 분야별 수출정보 및 방법론 툴킷, 수출 비즈니스 프로세스 등을 지속적으로 개발하여 지식레포지토리 구축 |

ECO SCIENCE
strategy of
new paradigm

에코사이언스: 새로운 패러다임의 생존 전략

# 6

# '공유' 개발사례

Ⅱ 이 장에서는 가치공유를 위한 비즈니스 생태계를 정의하고 생태계가 선순환 구조를 가지도록 서로의 이해관계를 조합하여 하나의 공유 비즈니스 모델을 만들어 나가는 과정을 설명하고자 한다. 이를 위하여 먼저 '생태계'에 대한 학술적 정의를 살펴보고, 생태계 분석 및 접근법, 그리고 비즈니스 모델의 설계방법론에 대해서 간단하게 설명한다. 그런 다음에 5장에서 설명한 사례를 중심으로 비즈니스 생태계를 도출한 다음 생태계 내의 이해관계기관들이 공유할 수 있는 비즈니스 모델의 설계 사례를 제시한다.

## 6-1 생태계와 구성원

우선 일반적인 비즈니스 측면에서의 생태계는 사업과 관련하여 상호 작용하는 조직과 개체로 구성된 경제적 공동체를 의미하며, 이 공동체는 제품과 서비스를 생산해 고객에게 가치를 전달하는 것을 목표로 한다. 한 가지 주목할 만한 사실은 과거의 생태계 개념은 추상적이고 관련 연구 또한 부족하였으나, 복잡한 네트워크 사회가 도래하면서 이러한 생태계 비즈니스가 많은 학자들에 의해 구체성을 갖고 연구되기 시작되었다는 점이다. 제임스 무어 외에도 이안

씨티, 근래에는 마이클 포터의 CSV(Creative Shared Value) 역시 비슷한 맥락으로 이해할 수 있다.

**"무어에 의해 확장된 생태계의 정의는 이후, 이안시티 등에 의해 비즈니스 생태계로써 더욱 확고하게 자리 잡음"**

〈표 6–1〉 비즈니스 생태계의 개념과 특징

| 연구자 | 정의와 개념 | 특징 |
|---|---|---|
| Moore (1993, 2006) | 비즈니스 환경에서 조직과 개인의 상화작용에 의해 지원되는 경제 공동체 | 공진화를 위해 개인과 조직이 네트워크를 구성하여 생태계를 구성 |
| Iansiti & Levien (2004) | 기업의 창출 및 제공에 대해 영향을 주고받는 공급자, 유통업자, 아웃소싱 기업, 제품과 서비스와 관련된 생산자, 기술 공급자, 다수의 기타 조직 등의 느슨한 네트워크 | 건강한 기업 생태계의 조건으로 수익성, 강건성, 틈새시장 창출가능성 또는 혁신성을 제시 |
| 곽정호 (2011) | 가치사슬 상에서 다른 단계에 속하는 기업들의 상호보완적인 공생관계를 통해 공동의 목표를 달성하는 분산형 혁신시스템 | 네트워크 형태의 관계를 강조하고 종합적인 동태적 시각 제공 |
| 김창욱 외 (2012a) | 다양한 이해관계자가 서로 연계해 가치를 제공하는 제품 및 서비스의 집합인 가치복합체를 생산 | 클러스터, 가치네트워크, 기업생태계를 비교하여 설명하고 있으며, 플랫폼, 중추기업, 보완기업이 존재 |

**"무어에 의해 생태계의 정의는 확장되었으며,**

**비즈니스 생태계를 의미하게 됨"**

생태계의 개념을 기업의 비즈니스 개념에 처음 적용한 사람이 무어(James Moore)이다. 그가 1993년 하버드 비즈니스 리뷰(Havard Business Review) 학회지에 비즈니스 생태계의 형성의 필요성을 주장

〈표 6-2〉 생물 생태계와 기업 생태계의 비교

| 구분 | 생물생태계 (유재미 외, 2011) | 기업 생태계 (제임스 F. 무어, 1997) |
|---|---|---|
| 다양성 | • 생태계를 구성하는 종의 다양성과 복잡한 먹이사슬 관계 | • 다양한 경제적 이해관계자 집단이 경제적 공동체를 형성<br>• 수평적이고 대등한 협업 관계 |
| 상호의존성 | • 생태계 내의 모든 존재들이 상호의존적임 | • 다양한 이해관계자를 참여시키기 위하여 공동의 목표를 공유해야 함<br>• 생태계 참여기업이 공동으로 가치를 창출 |
| 자기조직화 | • 체계가 환경과 상호작용하는 과정에서 자생적으로 질서를 형성 | • 기업 생태계 주도적인 역할을 수행하는 핵심 기업이 등장<br>• 기술 및 시장 리더십을 보유 |
| 공진화 | • 체계를 구성하는 상호의존적인 구성요소들이 서로 영향을 주고받으면서 진화 | • 생태계 참여 주체들이 공동으로 성장/진화<br>• 새로운 가치를 창출하는 선순환 구조 |
| 물질의 순환성 | • 외부로부터 지속적인 에너지의 유입 및 먹이사슬을 통해 물질이 순환하는 구조 | |
| 급변(Catastrophe) 현상 | • 자기조절 능력을 가지고 있어 항상성을 유지하지만, 한계능력을 넘어서면 생태계의 파괴, 종의 멸종 등 급변현상 발생 | |

하면서 이때부터 생태계는 기업 전략의 하나로써 본격적으로 연구되기 시작하였다. 한편 개념적 정의 측면에서 기업 생태계는 기업 경영 세계의 생물체인 상호작용하는 조직과 개인들을 토대로 한 경제적 공동체이이며, 기능적 정의 측면에서는 서로 연결되어 가치를 제공하는 제품 및 서비스의 집합인 '가치복합체(value complex)'를 생산한다(김창욱 외, 2012).

**"생태계 구축의 중요성은 점차 중요해지고 있으며 특히 비즈니스 측면에서 타 기업이 모방하기 어려운 전략으로 인정받고 있음"**

현대 사회의 비즈니스 생태계는 개별 기업이 혼자서 생산할 수 없는 가치를 창출할 수 있으며, 네트워크 효과를 강화하여 더 우수한 생태계를 만드는 것이 관건이다. 이러한 기업 생태계 간의 경쟁 역시 날로 치열해지고 있으며, 아마존과 앱스토어, 구글플레이 등을 생태계 구축 및 치열한 플랫폼 비즈니스 경쟁의 예시로써 대표적으로 꼽을 수 있다. 이들은 더욱 많은 참여자(소비자 및 써드파티)를 끌어들이기 위해 다양한 전략을 취하고 있는데, 특히 헨리 체스브로가 제시한 '개방적 협력(Open Business)' 모델의 특성이 공통적으로 나타나고 있다.

**김창욱 외(삼성경제연구소, 2012.2)**

▶ "상품과 서비스의 복합도가 높아지고 공급자와 소비자 간 네트워크 효과가 커지면서 경쟁의 양상이 기업 간 경쟁에서 기업생태계 간 경쟁으로 변화"

**제임스 F. 무어(경쟁의 종말, 1997)**

▶ "전통적인 산업이 붕고되면서 유일하게 실행할 수 있는 경쟁방법은 경쟁자보다 좋은 제품을 만드는 것이 아니라, 더 우수하고 새로운 생태계를 형성하는 것이다"

**Adner R.(Harvard Business Review, 2006)**

▶ "기업이 고객의 니즈를 충족시키는 혁신적인 제품을 만들어 시장에 출시하더라도 생태계가 함께 진화하지 않는다면 시장의 확대를 가져올 수 없으므로 시업의 성장에는 한계가 있게 된다. 즉, 생태계는 개별기업이 혼자서는 생산할 수 없는 가치를 창출한다."

〈그림 6-1〉 기업 생태계에 대한 특징과 논의

**"생태계 구축이 중요한 또 다른 이유는
운명을 같이 하는 공동조직으로 엮기 때문이며,
이러한 예시는 과거 MS왕국으로까지 불렸던
Windows 생태계가 대표적임"**

IT기업 중에서도 강력한 생태계 지배력을 보유한 마이크로소프트의 경우도 자사의 윈도우즈 소프트웨어를 통한 생태계 구축 모델로써 예시를 들 수 있다. 윈도우즈 OS는 자체 판매 수익 외에도 자사의 소프트웨어를 비롯한 여러 응용 소프트웨어와의 결합으로 추가적인 로열티 수익을 올리고 있다.

또한 이러한 운용체계의 탑재로 하드웨어 업체들로부터도 수수료를 받을 수 있었다. 다만 윈도우즈의 독점적 생태계 구축은 리눅스

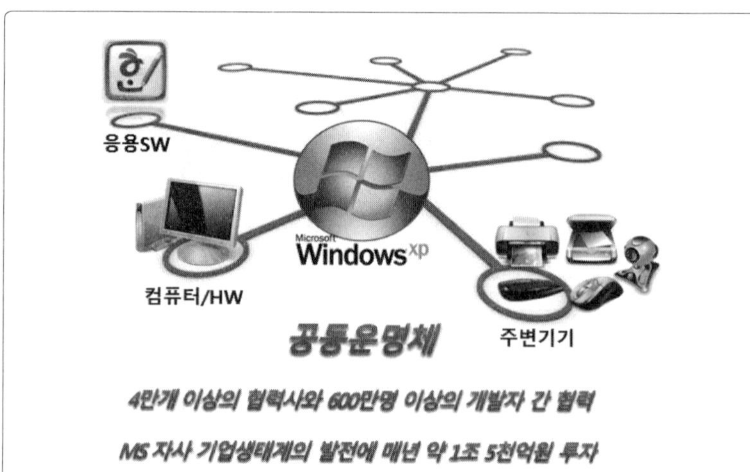


〈그림 6-2〉 마이크로소프트의 기업생태계

를 비롯하여 구글크롬 등 결과적으로 여러 경쟁자를 낳은 부작용도 발생하였다.

**"기업 생태계를 분석할 때는 구성요소, 즉 참여하고 있는 이해관계자들이 누구인지를 우선 살펴봐야 하며, 이들이 서로 어떠한 관계를 맺고 활동을 하는지 분석해야 함"**

일반적인 기업 생태계의 주요 구성원들로는 이해관계자(공급자, 시장 중개자, 고객, 경쟁자, 정부기관과 규제기관, 협회와 단체 등)와 핵심기업(키스톤이라고도 할 수 있으며, 보통 플랫폼 소유기업

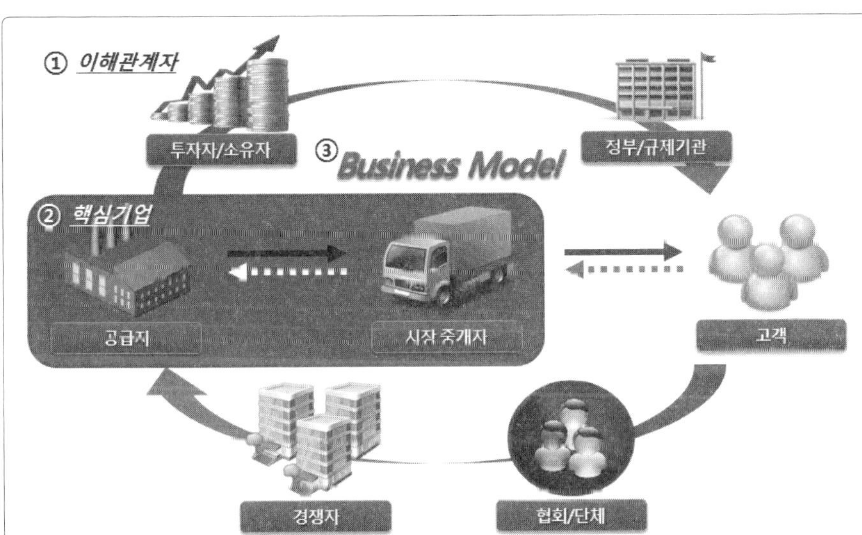


〈그림 6-3〉 이해관계자와 공동의 비즈니스 모델 관계

으로서 지배자의 역할수행)이 있다. 키스톤은 생태계 내의 조정자 또는 통합자로써 이안시티(Marco Iansiti) 하버드대 교수가 제안하였다. 키스톤을 통해 많은 기업과 복잡다단한 관계를 맺게 되므로 이러한 복잡한 연결 네트워크를 단순화 하는 것이 하나의 도전 과제이자, 복잡성(Complexity)을 감소시킬 수도 있다. 이들 이해관계자와 핵심기업을 하나로 엮어주기 위한 공동의 가치창출 시스템의 설계도를 비즈니스 모델이라고 할 수 있다. 비즈니스 모델에 포함되는 생태계 전략은 투자와 수익의 선순환(virtuous cycle)으로 명명할 수 있다. 가치 경제와 규모의 경제(economies of scale)를 확립하고 더 나아가 지속적인 혁신을 확보해야 안정적인 기반을 이룰 수 있다.

**"생태계에서 발생하는 가치가 어떠한 흐름에 따라 어느 곳에서 어디로 가는지를 살펴봐야 하며, 생태계 분석의 목적은 가치 네트워크를 정의하는 것이다."**

산업에서 최종 소비자에게 전달되는 가치의 구조에 따라 다양한 산업 영역을 아우르는 가치 네트워크의 범위로 생태계 역시 확장되고 있다. 가치 네트워크는 생태계적 접근의 또 다른 이름이라고 할 수 있다.

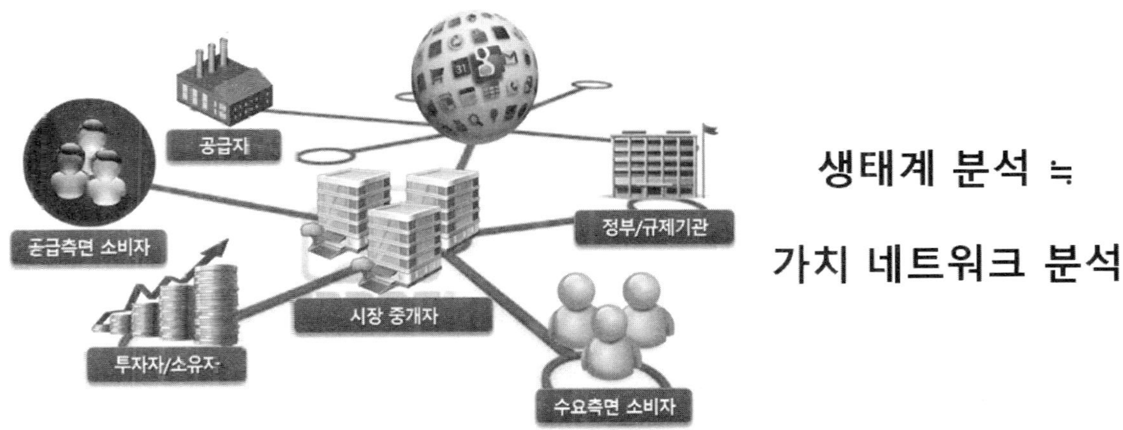


| 구분 | 단일기업 관점 | 산업 관점 |
|---|---|---|
| 구성요소 | 이해관계자 | 생태계 구성요소 |
| 가치창출 | 가치사슬 | 가치네트워크 |
| 공통 | 비즈니스 모델 | |

**〈그림 6-4〉** 생태계 분석과 가치네트워크 분석의 비교

## 6-2 생태계 분석 및 접근법

**"가치 네트워크의 배경으로는 기존 제조업 중심의 가치사슬 분석의 한계에서 파생되었다고 볼 수 있으며 ICT 산업의 발달과 밀접한 연관이 있음"**

가치사슬은 원래 기업의 활동을 제품의 설계, 생산, 마케팅, 유통 등의 개별적인 활동으로 나누어놓은 것인데, 산업이 창출하는 경제활동을 단계별로 분석하는데도 널리 사용된다. 1980년대 전통 제조업의 분석에 적합한 분석법으로 다양한 분야에서 활용되었으나, 산업 환경의 융복합이 심화됨에 따라 기존 가치사슬 분석으로는 산업을 분석하는데 한계점을 나타내고 있어서 대안으로 활용되고 있는 것이 가치네트워크이다.

네트워크 관점에서 보는 가치는 네트워크 안에서 핵심 주체들이 결합하여 공동으로 생산하는 것으로, 네트워크의 구조가 성능을 좌우하는 기준이 되기 때문에 하나의 기업이나 산업보다는 가치네트워크 자체가 가치창출시스템이라고 할 수 있다(이봉규 외, 2006). 가치네트워크는 관계를 통해 추가적으로 발생하는 가치에 더 관심이 있으므로 산업생태계(industry ecosystem) 형성을 촉진하며, 따라서 기술 패러다임, 공동 생산(co-created), 협력 및 보완, 산업생태계 등이 핵심 논의 대상이 된다.

이에 Basole & Rouse은 2008년에 서비스 가치네트워크 개념을 소개하였다. 서비스 가치네트워크는 다양한 서비스 경제주체인 소비자, 서비스 제공자, 공급자 등이 유기적으로 결합되어 있는 가치 창출 환경을 뜻한다(권혁인 외, 2014). 이 모델은 다섯 가지의 주체(actors)를 포함하는데, 그것은 소비자(consumers), 서비스 제공자(service provider), tier 1(1단계), tier 2(2단계)와 보조적 지원자(Auxiliary Enablers)이다. 그리고 사회, 문화, 경제, 정치적인 상황적 요인들도 생태계에 중요한 영향을 미치는 요인들로 간주하고 있다. Basole & Rouse는 이러한 개념을 바탕으로 하여 항공우주, 소매, 자동차, 헬스케어, 통신 등 다섯 개 산업 생태계를 서비스 가치네트워크를 사용하여 도식화시켰다.

Basole & Rouse(2008)이 제시한 서비스 가치네트워크의 개념적

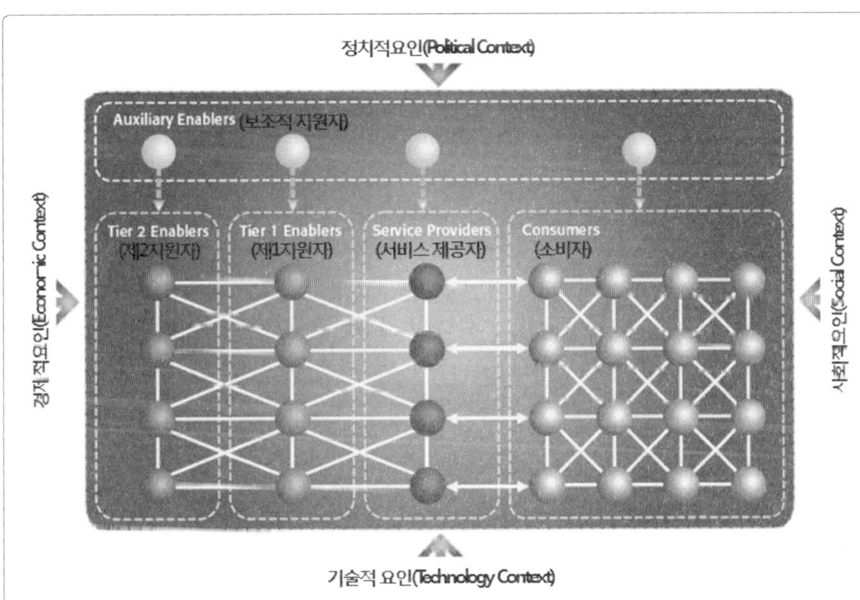


〈그림 6-5〉 서비스 가치네트워크 개념적 모델 (Basole 외, 2008)

〈표 6-3〉 가치행위 주체별 역할 및 내용

| 구분 | | 내용 |
|---|---|---|
| 소비자 (Consumer) | | • 서비스 제공자와 여러 지원자(Enablers)로부터 생산된 서비스가 소비자의 단계에서 가치로 발현됨<br>• 현대의 소비자는 고품질의 고객 맞춤형 서비스를 빠르게 제공받고자 하며 가치네트워크에서 능동적으로 활동<br>• 고객이 만족할 때만 서비스 제공자의 이익이 발생 |
| 서비스 제공자 (Service Provider) | | • 서비스 제공자는 다양한 조력자(Enablers)와 상호작용을 함<br>• 소비자와 상품 혹은 서비스를 연결하는 주요 지점<br>• 네트워크상에서 반드시 하나 이상의 주체가 존재함 |
| 지원자 (Enablers) | 제1결합 (Tier1) | • 서비스 제공자(Service provider)에게 직접 상품과 서비스를 제공(예: 프로듀서, 제조업자, 또 다른 서비스 공급자) |
| | 제2결합 (Tier2) | • 제 1결합 조력자(Tier 1 Enabler)에게 상품과 서비스를 제공(재료 공급업체, 부품 제조업체 등) |
| | 보조 (Auxiliary) | • 특정 산업에 국한 되지 않고 생태계 전반적으로(Entire Ecosystem) 영향을 미치는 중요한 기능(정부기관, 금융기관, 인프라 제공업체 등) |
| 상황적 영향 (Contextual Influences) | | • 사회, 문화, 경제, 정치적인 상황은 산업 생태계 개별 주체들의 행동에 영향을 미치는 중요한 요인이며 서비스 가치네트워크의 구조를 개념화 할 때 반드시 고려해야 함 |

모델과 각 주체별 역할 및 내용은 〈그림 6-5〉, 〈표 6-3〉과 같다.

이들은 산업의 흐름이 점차 상품과 서비스가 개별적 존재가 아닌 묶음(번들)으로 소비자에게 제공되는 방향으로 나아가고 있다는 사실을 지적하면서, 제품과 서비스를 분리할 수 없는 하나의 서비스로 간주하였다. 이는 기존의 가치사슬모델이 산업구조를 일방향적으로만 표현할 수 있었던 것에서 쌍방향적의 상호작용이 복잡하게 일어나고 있는 변화를 반영할 수 있는 모델이라고 할 수 있다. 즉,

이들이 제시한 개념적 모델에 따르면 서비스 제공자, 공급 주체들과 소비자들 사이에는 물론이고, 소비자 간에도 네트워크가 형성된다 (권혁인 외, 2014).

**"가치 네트워크를 분석하는 데 여러 가지 방법론이 적용될 수 있으며 이러한 방법들을 묶어 The process of Network Value Analysis(NVA)로 표현할 수 있음"**

Value Network Analysis(VNA)를 측정하기 위한 다양한 방법론이 있으며 몇 가지 예를 들면 다음과 같다. 이들 각각에 대해서 상세한 내용은 이 책의 범위를 넘어서기 때문에 자세한 설명한 생략하였다.

1. 시스템 다이나믹스(System Dynamics)
2. 자산 관리(Asset Management)
3. 프로세스 모델링 흐름도(Process Modeling Workflow)
4. 사회적/기관 연결망분석 (Social/Organizational Network Analysis)

## 6-3 비즈니스 모델

**"비즈니스 모델은 하나의 조직이 어떻게 가치를 포착하고 창조하고 전파하는지, 그 방법을 논리적으로 설명한 것(알렉산더 오스트왈드, 2010)"**

비즈니스 모델은 거칠게 표현하자면, "하나의 조직이 어떻게 가치를 포착하고 창조하고 전파하는지, 그 방법을 논리적으로 설명한 것"이라고 볼 수 있다(Osterwalder 외, 2011). 즉, 기업체가 어떠한 가치 혹은 수익을 내기 위해서 어떠한 이해관계자들과 관계를 맺고 이들과 무슨 활동을 할 것인지를 조직 내외부의 구성원들에게 알리고 함께 비즈니스를 만들어가는 과정을 핵심적으로 요약한 것이다. 이는 공동의 가치공유를 통해 내부의 조직원들을 단결 및 이해시키고 마찬가지로 공동의 비즈니스를 통해 외부의 투자자와 파트너들을 보다 용이하게 참여시키기 위한 것으로 다양한 프레임이 사용되고 있다. 비즈니스 모델에 대한 주요 구성요소들은 〈표 6-4〉와 같다.

유사한 용어이지만 혼돈을 피하기 위해서 자주 언급되는 '서비스 모델'에 대해서 간단히 설명하고자 한다. 서비스 모델은 기존 비즈니스 모델의 구성적인 측면과 크게 다른 내용이 아니며, "기존 비즈니스 모델의 업그레이드 형태"로도 정의될 수 있고 "수익이나 가치창출을 중심으로 전략, 조직, 프로세스, 기술을 종합적으로 고려하여 설계"가 이루어진다는 특징이 있다(권혁인, 2010). 서비스 모델에 대한 정의는 아직까지 구체적으로 이루어진 바가 없으나 서비

〈표 6-4〉 비즈니스 모델 구성요소 (서수석, 2008; 박상식 외, 2010 재수정)

| 연구자 | 비즈니스 모델 구성요소 |
| --- | --- |
| Slywotzky & Morrison (1997) | 고객선택, 가치창출, 차별/전략적 통제 요소, 범위 |
| Ghosh (1998) | 가치제안, 수익모델, 시장기회, 경쟁환경, 경쟁우위, 시장전략, 조직개발, 경영 팀 |
| Timmers (1998) | 제품, 서비스, 정보흐름, 비즈니스 주체 및 역할, 잠재 수익, 수익원천 |
| Rayport & Jaworski (2000) | 가치제안, 시장 제공품, 자원 시스템, 재무 모델 |
| Afuah & Tucci (2000) | 고객가치, 범위, 가격전략, 수익원천, 연계된 활동, 실행, 비즈니스 수행능력, 지속가능성 |
| Hamel (2000) | 핵심전략, 전략적 자원, 고객 인터페이스, 가치 네트워크 |
| Markides (2000) | 고객, 제공물, 전달 방법 |
| Jeon et al. (2000) | 전략적 동맹, 고객충성도, 브랜드 이미지, 수익원, 가치사슬 통합 및 재구축, 혁신, 차별화, 리더십, 가치공유, 전환가능성 |
| Weill & Vitale (2001) | 고객, 공급자, 제품 흐름, 정보 흐름, 돈의 흐름, 수익과 이익 |
| Amit & Zott (2001) | 효율성, 상호보완성, 잠금효과, 새로움 |
| 주재훈 (2002) | 가치와 수익원, 제품과 서비스, 프로세서와 기술, 시장과 관계 |
| Gordijin & Akkermans (2003) | 행위자, 가치창출 대상, 가치접점, 가치 인터페이스, 가치 교환방식, 가치 제공형태, 세분시장 |
| Chesbrough & Rosenbloom (2002) | 시장, 가치제안, 가치사슬, 비용과 수익, 가치 네트워크, 경쟁전략 |
| 안지향 외 (2003) | 서비스 제공자, 고객, 수익, 제공서비스, 인터페이스 |

스에 관한 연구는 지식서비스의 중요성으로 인해 이미 수십 년 전부터 미국과 유럽 등 서비스 강국들을 중심으로 연구가 진행되어 왔다.

결국 서비스 모델과 비즈니스 모델은 목적, 구성요소 등에서 크게 다르지 않으며 단지 목적을 이루는 데 있어 어떤 가치를 보다 중점적으로 고려할 것인지 장단기 측면으로 비즈니스 관점이 나뉜다는 것과 이를 산업체 단위에 적용할 것인지 기업체 단위에 적용할 것인지의 범위 규모에 대한 차이점 정도가 존재한다고 볼 수 있다. 이러한 서비스 모델과 비즈니스 모델의 차이점은 시대적 변화와 사회적 요구사항에 〈표 6-5〉와 같이 발생하고 있다.

〈표 6-5〉 서비스/비즈니스 모델 간 개념 비교

<table>
<tr><th colspan="2">구분</th><th>서비스 모델</th><th>비즈니스 모델</th></tr>
<tr><td colspan="2">공통점</td><td colspan="2">목적<br>수익 혹은 가치창출<br>구성요소<br>전략, 프로세스(기술 포함), 인적자원</td></tr>
<tr><td rowspan="2">차이점</td><td>관점</td><td>서비스 산출물의 고객만족 강화</td><td>기업 수익(가치) 강화</td></tr>
<tr><td>방법</td><td>생태계 관점의 협업체계 구축 절차 개발</td><td>기업 관점의 경쟁전략 개발</td></tr>
</table>

비즈니스 모델(Business Model)이란, 하나의 조직이 가치를 포착하고 창조하여 고객에게 전파하는 방법을 논리적으로 설명한 것이다.

비즈니스 모델은 1990년대 후반 인터넷의 등장과 인터넷 비즈니스의 열풍과 함께 비즈니스 매서드(Business Method)라는 용어로 통용되며 쓰이기 시작했다.

비즈니스 모델의 진화과정을 살펴보면 인터넷과 관련한 비즈니스의 가치사슬 구성요소들을 분류하는 것을 시작으로 점차 구체적이고 세부적인 비즈니스 모델의 형태로 진화해나갔다. Timmers(1998)는 인터넷 비즈니스를 기반으로 가치사슬의 파괴 또는 재조합 여부에 따라 비즈니스 모델을 전자상점(E-Shop), 전자구매(E-Procurement), 전자옥션(E-Auction), 신용서비스(Trust Services), 정보중개(Info Brokerage), 전자쇼핑몰(E-Mall), 제3장터(Third Party Marketplace), 가상 커뮤니티(Virtual Community), 부가 서비스 제공(Value Chain Service Provider), 통합 부가서비스(Value Chain Integrator), 공동플랫폼(Collaboration Platform) 등 11가지 유형으로 분류하였다. 이후 M. Rappa(1999)는 비즈니스 모델을 수익원천 측면에서 9가지로 제시했다. 더 나아가 비즈니스 모델은 인터넷 비즈니스 외에 다양한 분야의 단일 사업을 기획할 때에도 반영할 수 있는 수준으로까지 변화해왔다.

### "비즈니스 모델 Generation, 신개념의 비즈니스 발상법"

비즈니스 모델의 개발방법 중에서 많은 사람들에게 알려졌다고 할 수 있는 것이 Osterwalder & Yves Pigneur(2010)이 제시한 "9가지 빌딩 블록(비즈니스 모델 Canvas라고도 한다)"이다. 이 9가지 빌딩 블록은 고객 세그먼트(Customer Segments), 가치 제안(Value Propositions), 채널(Channels), 고객관계(Customer Relationships), 수익원(Revenue Streams), 핵심자원(Key Resources), 핵심활동(Key Activities), 핵심 파트너십(Key Partnerships) 그리고 비용구조(Cost Structure)로 이루어진다.

먼저 고객 세그먼트(CS)란 고객을 좀 더 제대로 만족시키기 위해 그들의 요구나 행동상의 특징, 그 외의 다른 특성에 따라 고객을 분류하는 것이다. 기업이 핵심타깃으로 삼아야 할 고객층을 결정하면 타깃(target)에 따라 다른 니즈(needs)와 문제점에 대한 적절한 대응과 접근이 가능해진다. 그러나 비즈니스 모델의 초점을 가전제품 분야처럼 매스마켓(Mass Market)에 맞추게 된다면, 고객 세그먼트를 구분할 필요가 없다. 비즈니스 모델이 틈새시장이나 세그먼트(segments)가 명확히 이루어진 시장 또는 복합적인 세그먼트가 혼재돼 있는 시장이나 멀티사이드(multi-sided) 시장 등에 초점을 맞추게 된다면 고객 세그먼트를 구분하여 타깃그룹에 따라 다른 방식으로 운용될 수 있다.

가치 제안(VP)이란 분류된 고객 세그먼트에 해당하는 고객의 갈증을 해결해주거나 니즈를 충족시켜주기 위한 상품이나 서비스(service)의 조합이다. 여기서 고객에게 제안하는 가치는 양적(가격, 속도 등)인 것과 질적(디자인, 고객경험 등)인 것 모두를 포함한다. 새로운 첨단 기술처럼 완전히 색다른 혁신적 가치를 제공하는 기업도 있고, 기존 제품이나 서비스의 퍼포먼스(성능)를 향상시켜 기존 것과 유사하지만 새로운 요소가 가미된 또 다른 가치를 제공하는 기업도 있다. 또 제품이나 서비스를 개별 고객이나 세그먼트의 특화된 요구에 딱 맞추는 커스터마이징(customization)을 통해 고객에게 맞춤형 가치를 전달하는 기업도 있다. 더 나아가 고객이 무언가를 수행하는 것을 돕거나 편의성을 제공하는 것만으로도 가치는 만들어질 수 있다.

채널(CH)은 커뮤니케이션, 물류, 판매 채널 등 기업과 고객이 소통을 하고 상품이나 서비스를 전달하는 인터페이스 전반이다. 채널의 유형은 영업부서, 웹사이트, 직영 매장, 파트너 매장, 도매상 등이 있다. 기업은 채널을 통해 상품이나 서비스에 대한 고객의 이해도를 끌어올리고, 고객의 평가를 받으며, 고객이 상품이나 서비스를 구매하게 한다. 또한 채널은 기업이 고객에게 제안하는 가치를 전달하는 통로나 방법이 되기도 하고 구매 고객에 대한 애프터서비스를 제공하는 기능도 수행한다.

고객관계(CR)는 특정한 고객 세그먼트와 어떤 형태의 관계를 맺을 것인가를 의미한다. 고객관계는 고객을 확보하고 유지하며 판매를 촉진하기 위해 필요하다. 고객관계를 형성하는 방식으로 판매직원이나 콜센터 상담원처럼 담당자가 직접 고객을 응대하는 개별 어시스트, 고객별로 전담인력을 두어 깊고 친밀한 관계를 두는 매우 헌신적인 개별 어시스트, 관계를 유지하지 않지만 고객이 필요한 모든 수단을 제공하는 셀프서비스, 자동화 서비스, 커뮤니티, 코-크리에이션(Co-Creation) 등이 있다. 여기서 코-크리에이션은 기업과 고객이 함께 가치를 창조하는 것으로 고객 스스로 컨텐츠를 창조해내도록 유도하는 유투브닷컴(YouTube.com)을 예로 들 수

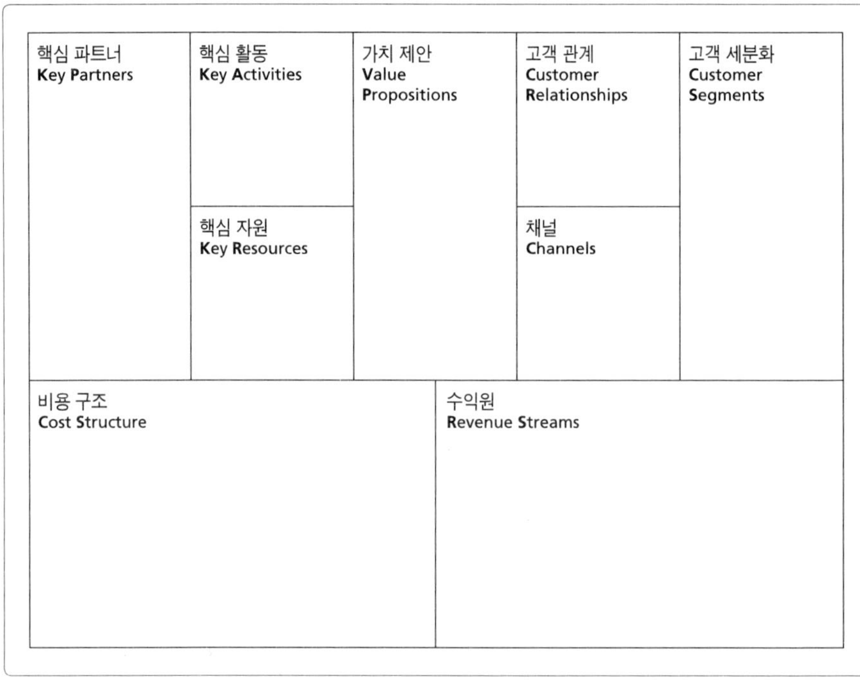


**〈그림 6-6〉** The Business Model Canvas (알렉산더 오스터왈더 외, 2011)

있다.

수익원(RS)은 기업이 각 고객 세그먼트로부터 창출하는 현금을 의미한다. 수입에서 비용을 공제한 것이 수익인데, 비즈니스 모델에는 두 가지 형태의 수익원이 포함된다. 하나는 고객의 1회 지출로부터 유발되는 수익이고, 또 하나는 고객에게 가치 제안을 전달하거나 구매 후 고객을 지원하는 데 따른 연속적인 지출로부터 유발되는 반복적인 수익이다. 수익원을 창출하는 방법에는 물품 판매, 이용료, 가입비, 대여료/임대료, 라이센싱, 중개수수료 그리고 광고 등이 있다.

핵심자원(KR)은 비즈니스를 원활히 진행하는 데 가장 필요한 중요 자산을 말한다. 이는 생산시설이나 건물, 시스템처럼 물적 자원일 수도 있고, 재무적인 것일 수도 있으며, 인적자원의 영역에 속할 수도 있다. 또는 특허나 저작권, 파트너십, 고객 데이터베이스 등처럼 지적 자산일 수도 있다. 지적 자산은 비즈니스 모델을 구성하는 점점 더 중요한 핵심자원이 되어가고 있다.

핵심활동(KA)은 기업을 성공적으로 운영하기 위해 하는 중요한 행동들이다. 기업의 핵심활동은 생산과 문제해결 그리고 플랫폼/네트워크로 분류할 수 있는데 비즈니스 모델의 유형에 따라 달라진다. 예로, 이베이(eBay)의 비즈니스 모델은 이 기업의 플랫폼인 eBay.com을 지속적으로 개발하고 유지하는 것에 초점을 맞춘다. 반면에 컨설팅회사인 맥킨지(Mckinsey)는 기업의 문제해결에 초점을 맞춰 활동한다.

핵심파트너십(KP)이란 비즈니스 모델을 원활히 작동시켜줄 수 있는 '공급자-파트너' 간의 네트워크를 말한다. 파트너십은 비경쟁자들 간의 전략적 동맹, 경쟁자들 간의 전략적 파트너십, 새로운 비즈니스를 개발하기 위한 조인트벤처(joint venture), 그리고 안정적 공급을 확보하기 위한 '구매자-공급자' 관계 등 크게 네 가지로 구분할 수 있다.

마지막으로 비즈니스 모델을 운영하는 데서 발생하는 모든 비용은 비용구조 빌딩 블록에 해당된다. 비용구조(CS)는 고정비와 변동비로 구성된다. 보통의 기업들은 비용 주도적(Cost-driven) 비즈니스 모델을 설계하고 가능한 한 최소 비용구조를 만들려고 한다. 하지만 어떤 기업들은 비용보다는 가치 창조에 더 초점을 맞추어 가치 주도적(Value-driven) 비즈니스 모델을 설계하기도 한다. 호화로운 시설과 고급서비스를 제공하는 럭셔리 호텔이 여기에 해당된다.

## 6-4 생태계/비즈니스 모델 개발

**"전자정부 수출지원 서비스는 흩어져 있는 지원 기능들을 모아야 하기 때문에 생태계 분석을 통하여 협의체를 구성하고 적극적인 참여를 유도할 수 있는 비즈니스 모델의 개발이 필수적이다."**

공공서비스 수출지원 서비스의 특징을 살펴보면 다음과 같다.

1. 공공서비스 수출은 정부가 사용하는 시스템을 '외국 정부'를 상대로 수출한다는 특성상 정부의 운영경험과 기업의 노하우 전수 등 기업과 정부의 포괄적인 협력과 정부차원의 지원이 필수적으로 수반되어야 한다.
2. 공공서비스 수출은 각 부처와 기관별(산자부, 기재부, 외교부, 중기청 등)로 각각 이루어지고 있다. 따라서 공공서비스 관련 콘텐츠 및 노하우 등이 정부, 공공기관, 기업(컨설팅 기업, SI 기업 등), 협회 등에 분산되게 하여, 기업의 수출사업 진행 시 다차원

적 접근을 요구한다.

즉, 정부의 역할은 부처 간 또는 주제별로 산재하고 있는 협의체의 융합을 위한 조정을 강화하는 것이며, 이를 위해 정보의 통합관리 등 플랫폼을 통한 생태계 조성 및 협업이 필요하다. 〈그림 6-7〉에서는 공공서비스 수출 지원서비스를 할 경우에 예상되는 참여자들을 도식화하고 있다.

KOTRA, KOICA, KOEXIM 등 수출진흥을 위해 실립된 기관을 중심으로 입찰정보, 수출대상국가에 대한 일반 현황과 주요 이슈 등을 자료실/게시판 형태의 정보 전달체계를 통해 제공하고 있다. 〈그림 6-8〉은 이러한 것들을 종합하여 공공서비스 수출 지원 서비스를 위해 필요한 협력 생태계를 도식화한 것이다.

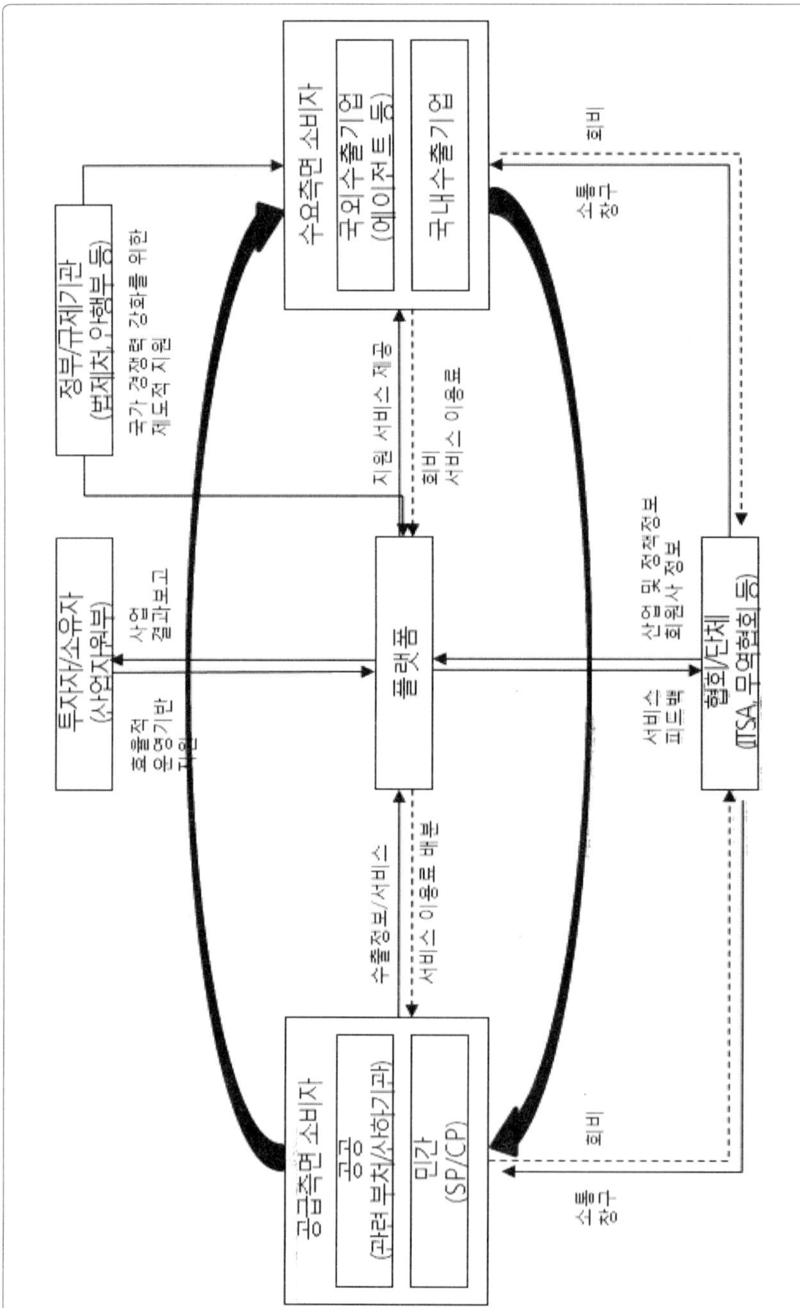


〈그림 6-7〉 공공서비스 수출사업 예상 참가자

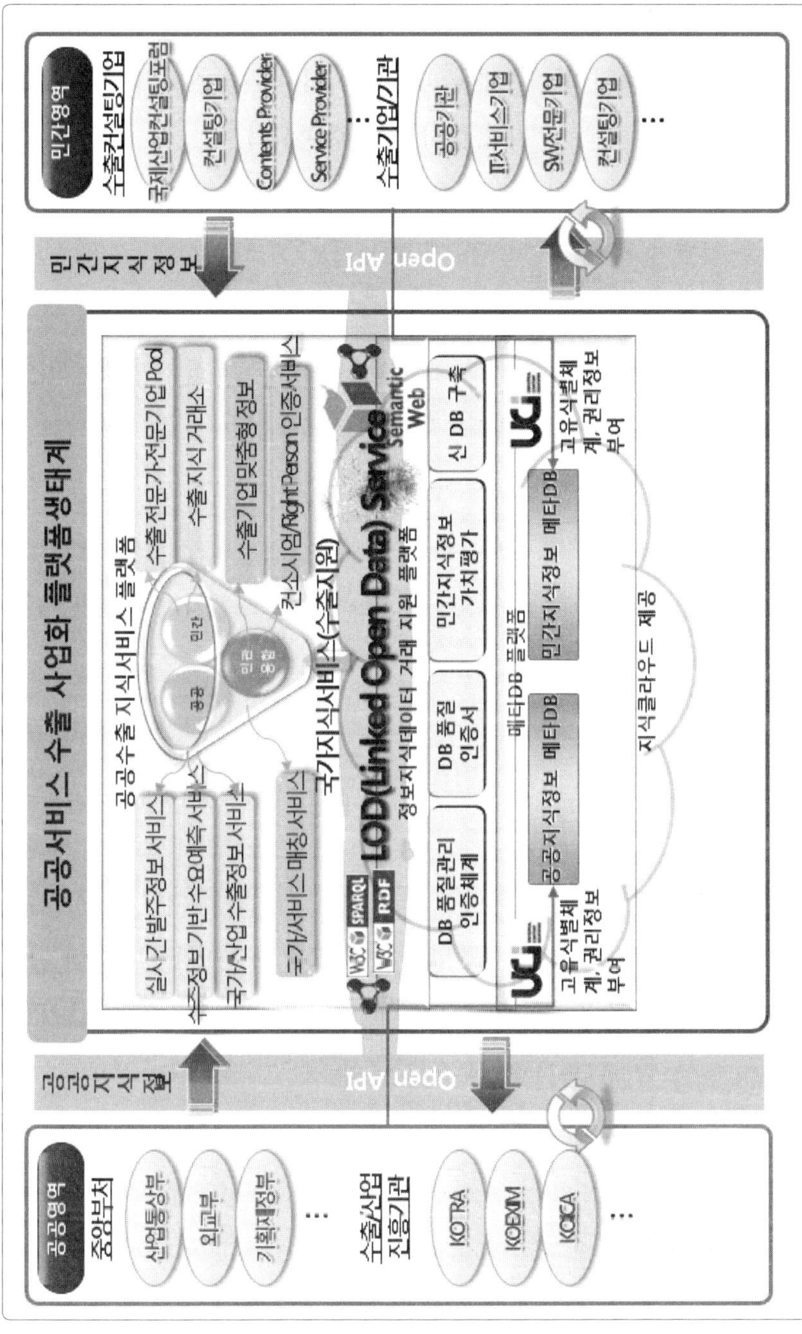


〈그림 6-8〉 공공서비스 수출지원 서비스의 생태계

**"생태계 분석을 통해서 경쟁력 있는 서비스를 제공하기 위해서는 참여기관들의 이해관계를 파악하여 지속 가능한 비즈니스 모델의 도출이 가장 중요하다."**

플랫폼 비즈니스의 성공을 위해서는 이해관계자들을 끌어들일 만한 매력적인 서비스를 도출하는 것이 성공의 관건이라고 할 수 있다. 〈공공서비스 수출 사업화 플랫폼 개발 사업〉에서의 산업 생태계 모델을 보면, 이해관계자 간 역할과 서비스 흐름을 파악할 수 있다. 아래의 그림에서는 공공서비스 수출을 준비하고 있는 기업에게 역량별로 맞춤형 서비스를 제공하는 한편, 수출컨설팅 역량을 갖추고 있는 CP(Contents Provider), SP(Service Provider) 등이 참여할 수 있는 플랫폼 생태계를 만드는 비즈니스 모델이 도식화되어 있다.

이 플랫폼에서는 첫째, 레퍼런스를 확보하지 못하고 있거나, 수출확대를 꾀하고 있는 기업들을 대상으로 컨소시엄 구성 및 사업화를 위해 경험할 수 있는 'Bidding List'와 '수출가능영역 도출' 서비스를 제공하며 둘째, 수출기업의 역량 진단을 통해 플랫폼에서 제공하는 원스탑 서비스를 제공받을 수 있도록 자가진단 서비스와 외부 에이전트를 통한 SP와 CP의 참여를 확대하는 API 개방/인센티브제도 등을 제공하며 셋째, 우수한 서비스를 보유하고 있거나 타깃국가를 보유하고 있는 수출기업을 대상으로 적정 서비스/국가 정보를 제공하고, 사업 추진 과정에서 신뢰성 높은 컨소시엄 구성 및 현지 Agent 확보 서비스를 제공하도록 설계되었다. 이러한 수출 플랫폼의 비즈니스 흐름은 다음 〈그림 6-9〉와 같으며, 주요 서비스 정의는

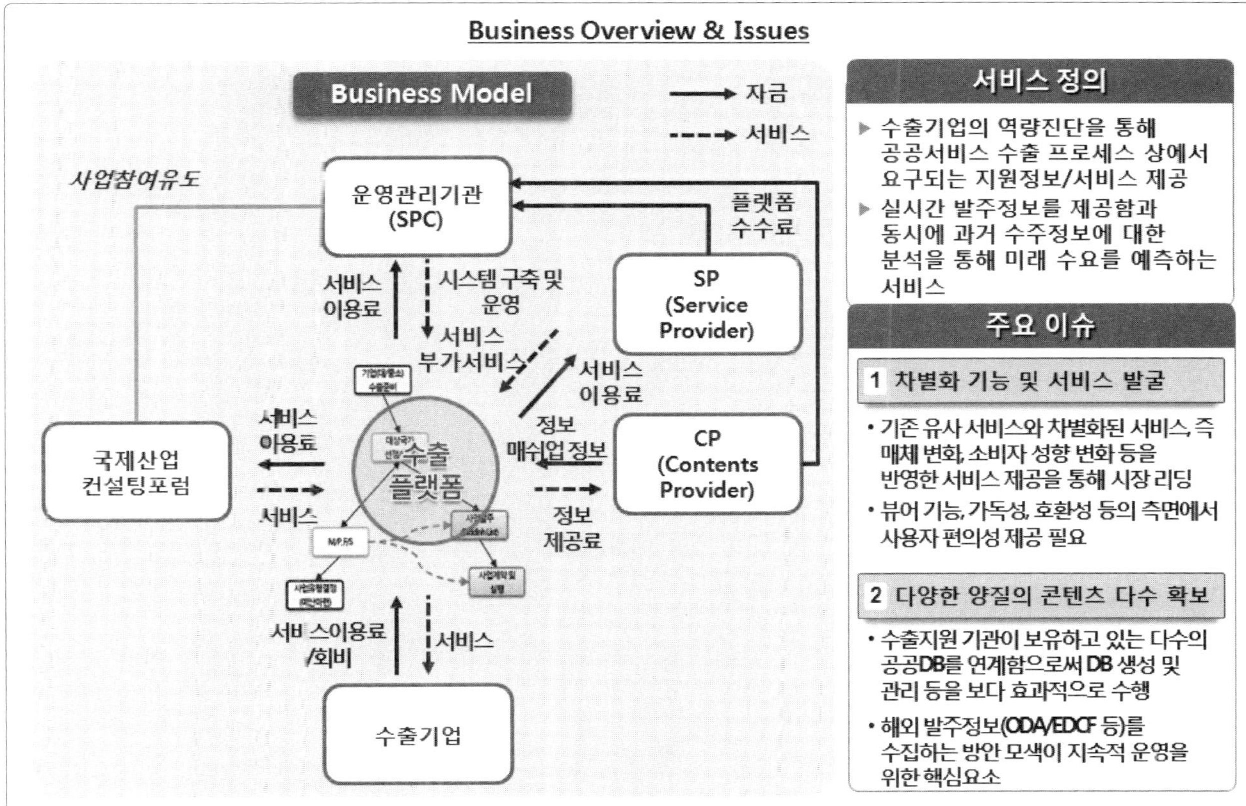


〈그림 6-9〉 비즈니스 모델 개념도

(1) 수출기업의 역량진단을 통해 공공서비스 수출 프로세스 상에서 요구되는 정보/서비스 제공, (2) 실시간 발주정보를 제공함과 동시에 과거 수주정보에 대한 분석을 통해 미래 수요를 예측하는 것 등이다.

이것을 다시 앞에서 설명한 비즈니스 모델 Canvas로 재구성하여 보면 〈그림 6-10〉과 같다. 이 그림에서는 공공서비스에 대한 공급자(CP, SP, 수출 유관부처, 공공기관, 원조자금 관련기관)와 수요자(CP, SP, 수출 희망기업) 및 이해관계자를 중심으로 비즈니스 Canvas 모델을 재구성하여 수익모델을 제시하였다. 이 비즈니스 모델은 특별한 특수목적법인(SPC)가 존재한다고 가정하고 작성하여 본 것이다.

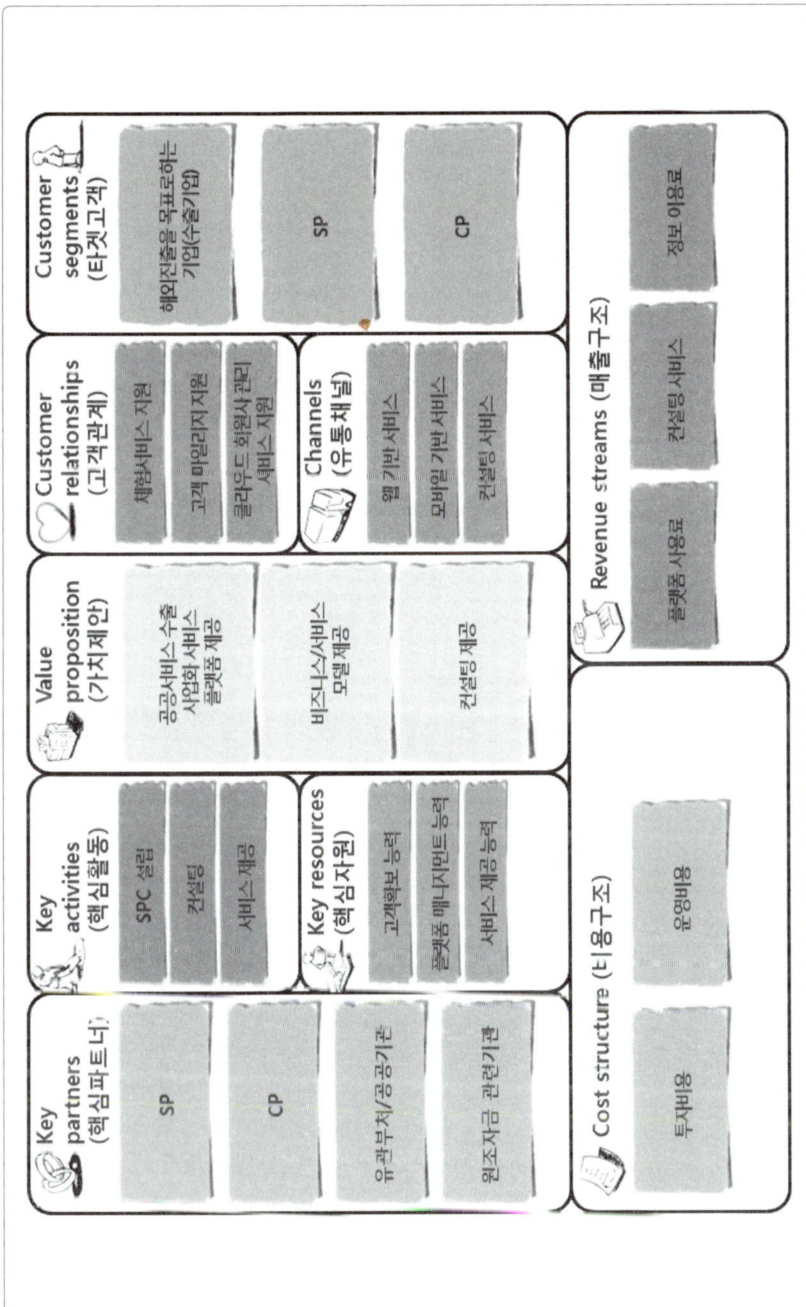


〈그림 6-9〉 비즈니스〈그림 6-10〉 플랫폼 자체 운영 사업화모델의 비즈니스 모델 캔버스모델 개념도

ECO SCIENCE
strategy of
new paradigm

에코사이언스: 새로운 패러다임의 생존 전략

# 7

# '연결' 사례

■ 5장에서 예시한 가치 '창조'와 이해 '공유'가 실제 시스템으로 작동하기 위해서는 다양한 이해관계자들이 하나의 서비스를 제공하는데 협업하도록 서로를 '연결'하기 위한 플랫폼이 반드시 필요하다. 이 장에서는 먼저 '플랫폼'이 의미하는 바를 살펴 본 다음에 공공서비스 수출지원서비스 플랫폼의 설계 사례를 소개한다.

## 7-1 플랫폼의 의미

### "비즈니스와 커뮤니케이션, 플랫폼으로 연결되는 사회"

플랫폼 연결 사회에서는 온라인 협업 플랫폼을 통해 신속한 의사소통과 분산된 지식정보의 공유 및 저장 그리고 활용이 가능하다. 메신저, 메모보고, 영상회의, SNS 등 의사소통 환경 조성으로 언제, 어디서나 회의 및 협의, 문서작성, 결재 등의 업무처리가 가능해 질 것으로 보이며, 기관 관계자들의 오프라인 협업에서 발생 가능한 업무 관련 주요 지식의 저장 · 축적 · 공유 · 활용 등이 용이하여 체계적인 업무 추진 및 관리가 가능하다. 원거리의 기관 간 상호이동에 따른 출장 소요시간 감소와 교통 · 숙박에 따른 부대비용 감소효과도 있어 강력한 협업도구로 부상하고 있다.

따라서, 클라우드와 협업 플랫폼을 비롯한 IT의 도움으로 협업 생산성과 효율을 높일 수 있는 전략이 개발되어야 한다. 최근 주목받는 플랫폼은 다양한 참여를 촉진하는 틀(場)을 마련하여 거래가 이루어지도록 한다는 공통점을 가지고 있다. 플랫폼 전략은 공급자와 수요자, 니즈와 수익의 매개체(플랫폼)를 구축함으로써 효용성을 높이고 이익을 극대화하는 전략이다. 플랫폼전략의 성공은 자신들의 핵심자산을 개방하고, 다른 기업 및 산업부문에서 자발적으로 참여 · 협력하는 생태계 조성이 관건이다. 이를 위해 정부 부처 · 공공기관에서 활용할 수 있는 정보공개규칙, 플랫폼 참여촉진 방안 등 플랫폼전략 추진 가이드라인 마련 및 협업 플랫폼 작업관리와 통제방안에 대한 연구가 필요하다.

**"플랫폼 생태계의 파급 효과가 큰 만큼,**
**시장의 부정적 효과에도 주목하고 방지해야..."**

한편, 시장에서는 플랫폼 사업자의 독과점 지위를 이용한 경쟁제한, 거래상대방 배제 등 공정거래행위의 문제가 제기되고 있다. 첫째, 광고 선정성 : 특정 포털의 시장 지배력이 과도하게 증가되면서 광고거래 과정에서도 심각한 문제를 일으키고 있는 바, 인터넷 광고 거래 질서 문제는 스마트 미디어 시대 건전한 생태계 조성에 장애 요인으로 작용하고 있다. 둘째, 과도한 비용과 판매수수료의

지불 : 배달 애플리케이션 플랫폼에 대한 소상공인들의 과도한 수수료 부과가 논란이 되고 있다. 셋째, 부당한 차별적 취급 : 부동산 중개 애플리케이션 플랫폼의 경쟁업체를 조기에 말살하는 행위 등 독과점 시장 구축에 대한 불공정행위가 논란이 되고 있다. (다른 부동산 중개 앱 탈퇴 강요, 중복 등록한 공인중개사의 매물정보 하위에 위치, 거래정시 시에 위약금 대납 문제 등)

이를 해결하기 위해서는 공정거래법과 연계한 정책지원 및 시장 경쟁촉진을 위한 플랫폼 정책방향 수립이 필요하고, 플랫폼 시장에서 일어나고 있는 끼워팔기(tying)의 경쟁 효과와 사업자들의 독점력 강화로 발생하는 경쟁 저해 등의 문제점 등을 분석해야 하며, 이윤 압착(margin squeezing) 전략을 선택하는 사례를 분석하고, 이에 대한 경쟁법리 적용 방안을 연구해야 한다. 또한 플랫폼 중립성(platform neutrality)의 개념 및 관련 국내외 규제현황 및 사례 등을 분석하고 경쟁정책 또는 공정거래법 집행서에의 플랫폼 중립성 개념 활용 방안을 모색해야 하며, 특히, 오픈마켓의 공정거래 정착을 위한 '정부 차원의 수수료 조정 및 관리'와 '공정경쟁 환경조성을 위한 법/제도 구비' 등의 정책지원 방안을 마련해야 한다

- 끼워팔기는 유리한 경쟁환경을 구축하여 시장점유율을 높이는 한 방편으로써, 거래 상대방에게 자기의 상품 또는 용역을 공급하면서 정상적인 거래 관행에 비추어 볼 때 개별적으로 판매되어야 할 다른 상품 또는 용역을 자기 또는 자기가 지정하는 사업자로부터 구입하도록 하는 행위를 말함(예: 구글과 애플이 스마

〈그림 7-1〉 플랫폼 시장의 불공정거래행위와 경쟁이슈

트폰에 검색, 이메일, 지도, 동영상, 메신저 등을 기본으로 탑재하여 제공)

- 시장지배력을 이용한 이윤압착이란 원재료를 독과점적으로 공급하면서 완성품도 동시에 생산 및 판매하는 수직통합기업이 원재료 가격과 완성품 가격 사이의 폭을 좁게 책정하거나, 원재료 가격을 완성품 가격과 같거나 더 높게 책정하는 방법으로 완성품 시장에서 효율적인 경쟁자를 배제하는 행위를 말함(예: LGU+와 KT는 무선통신망을 독점하고 있는 점을 이용, 기업메시징서비스에 필수적인 무선 통신망 이용 요금을 자신들이 제공하는 서비스 가격보다 높게 책정해 경쟁사업자들을 퇴출시킴)

### "플랫폼은 다양하게 정의되지만, 일반적으로 양면시장 이론을 기반으로 이용자 그룹을 중개하는 역할로 정의함"

플랫폼은 다양한 의미로 사용되고 있다. 그리고 생태계 토대로서의 플랫폼 역시 관점에 따라 다소 상이한 정의를 내리고 있다. 먼저 플랫폼 전문가그룹은 플랫폼을 컴포넌트(component)와 룰(rule)의 합집합으로 정의하고 있으며, 이는 기술적 관점에서 접근했다고 할 수 있다. 먼저 컴포넌트는 소프트웨어, 하드웨어, 서비스, 아키텍처 등을 의미하고, 룰은 상호호환보장, 상호정보교환, 권리와 책임 등을 의미한다고 정의하고 있다.

경제적 관점으로 접근해보면, 플랫폼을 설명할 때 가장 일반적으로 활용하는 개념인 양면시장 이론을 통해 설명할 수 있다. 양면

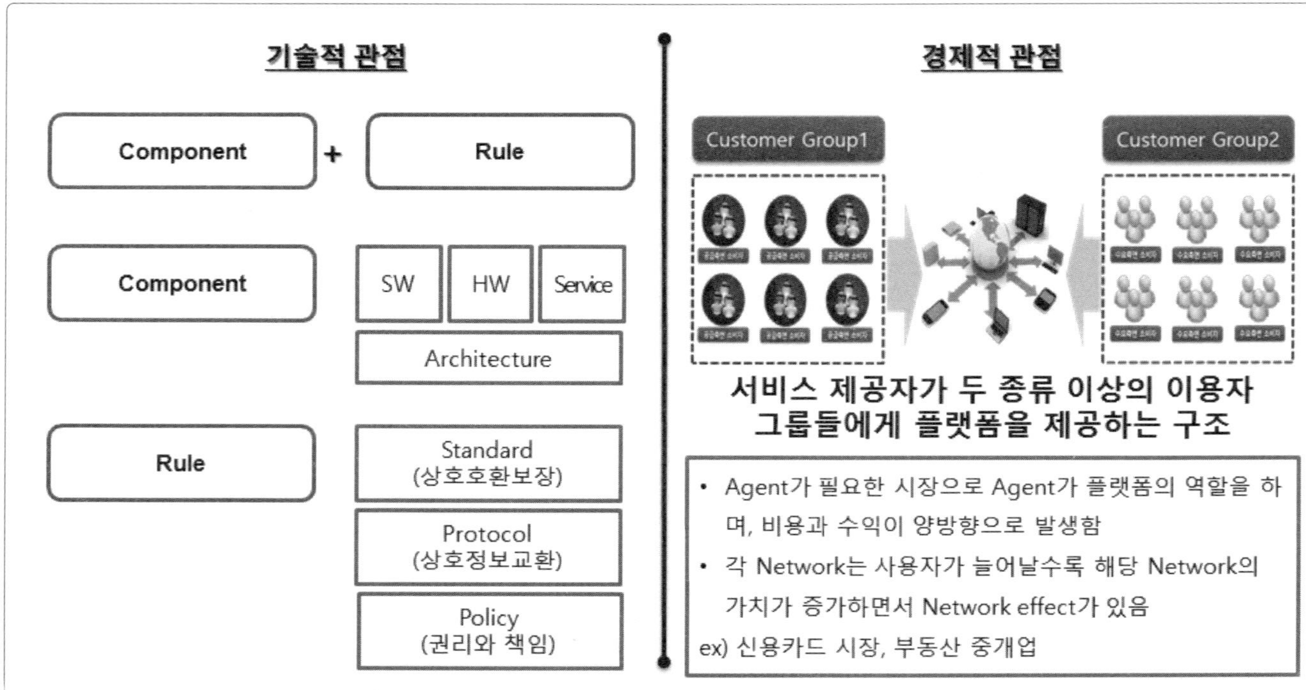


〈그림 7-2〉 플랫폼에 관한 기술적 관점과 경제적 관점의 비교

시장 이론은 두 개의 성격이 다른 이용자 그룹들에게 플랫폼을 제공하는 구조로 설명하고 있다. 이처럼 플랫폼은 연구자들마다 다소 상이하게 정의하고 있으며 사실, 명확하게 플랫폼을 정의하는 것은 힘들다. 적용 분야별로도 플랫폼을 정의하는 것이 다르며, 관점에 따라서도 달라지기 때문이다. 다만 최근 경향을 살펴보면 생태계와 연계하여 플랫폼의 개념을 설명하고 있다는 것이다. 즉 플랫폼은 다양한 이해관계자가 협업을 할 수 있는 공간이다. 다양하게 정의되는 생태계에 따라 성격이 다른 플랫폼이 발생하게 되는 것이다.

다시 말해, 플랫폼의 핵심은 생태계의 토대를 제공하는 것이지, 플랫폼을 정형화하여 어떤 기능을 제공하는 것이라고 정의할 필요는 없다는 것이다. 플랫폼을 구축하기 위해서는 해당 산업에 필요한 이해관계자들의 요구사항을 반영하여 기능을 개발하는 것이 중요하다. 그러므로 플랫폼에 대해 명확하게 정의하려는 노력보다는 해당 생태계를 지원하기 위한 지원 플랫폼이라고 정의할 필요가 있다.

**"비즈니스 플랫폼의 유형은 다양하게 분류할 수 있으며,**
**그 범주를 한정하기에는 어려움이 있음"**

비즈니스 플랫폼은 비즈니스 활동을 영위하기 위해 필요한 플랫폼이라고 할 수 있다. 즉, 앞서 설명한 기술적 관점과 경제적 관점을 모두 포괄하는 개념으로 기존의 플랫폼을 비즈니스 관점에서 정의하는 것이다. 위에서 제시한 분류 기준도 각 비즈니스 형태에 따라 플랫폼을 분류한 것이다. 경영 분야에서 플랫폼이 화두로 떠오

〈표 7-1〉 비즈니스 플랫폼의 종류와 역할 (황병선, 2012)

| 분류 | 유사/하위명칭 | 사례 | 대상 | 생태계 역할 |
|---|---|---|---|---|
| 기술 플랫폼 | 웹 플랫폼, 애플리케이션 플랫폼, 클라우드 플랫폼 | HTML5, iOS, Android OS, 페이스북 플랫폼 | 개발자 | 보완재 개발의 활성화 |
| 제품 플랫폼 | 제품패밀리, 스마트 플랫폼, 웹 브라우저 | iPhone 시리즈, iPod 시리즈, Firefox | 제품사용자, 액세서리 제공사 | 기술플랫폼 확산, 고객기반 확보 |
| 서비스 플랫폼 | 개인 클라우드, 소셜미디어 서비스, 검색, 메신저, LBS, 온라인게임 | 페이스북, 트위터, 아이클라우드, 다음지도 | 서비스 사용자 | 서비스로 시장 규모 확보 |
| 유통 플랫폼 | 커머스 플랫폼, 마켓플레이스, 콘텐츠 유통 플랫폼 | 아이튠즈, 앱스토어, 안드로이드마켓 | 구매자, 앱/콘텐츠 공급자 | 부가제품의 판매채널 |
| 광고 플랫폼 | 마케팅 플랫폼 | 다음의 아담, 구글의 AdMob | 써드파티, 광고주 | 수익화 모델 제시 |
| 결제 플랫폼 | 모바일페이먼트, 전자결제, 스마트카드 | 페이팔, Square, T머니 | 써드파티, 은행/카드사 | 수익화 모델 제시 |

른 이유는 바로 비즈니스 플랫폼 때문이라고 할 수 있다. 다양한 기업들이 플랫폼 제공을 통해 수익을 창출하고 있으며, 플랫폼을 제공하는 기업들의 수익성이 높아지고 있는 추세이다.

특히 비즈니스 플랫폼은 ICT 분야에서 화두가 되고 있다. 그 이유는 대부분의 플랫폼이 ICT 기술을 활용하여 서비스를 제공하고 있기 때문이다. 위의 표에서 제시된 바와 같이 플랫폼은 상호 독립적으로 운영되는 것이 아니라 플랫폼 내에서 또 다른 플랫폼을 연결시키기도 한다. 예를 들어 앱스토어(유통 플랫폼)를 통해 무료 앱이 제공되는 경우, 무료 앱에 광고 플랫폼을 적용하여 광고를 통해 수익성을 확보하는 방식이다. 또한 앱스토어를 통해 앱을 구매할 때, 결제 플랫폼을 적용하여 앱스토어의 결제 수단으로 활용되기도 한다. 즉, 플랫폼은 상호 독립적이지 않고 복합적으로 구성되기도 한다.

그러나 위에서 언급한 형태의 플랫폼만 존재하는 것은 아니다. 새로운 유형의 비즈니스가 형성되면 목적에 적합한 비즈니스 플랫폼의 유형이 시장에 나타나게 될 것이다. 그러므로 비즈니스 플랫폼 역시 명확하게 정의를 내리기 보다는 새로운 비즈니스를 창출할 때, 비즈니스 목적에 적합한 플랫폼을 형성하는 것이 적합하다고 할 수 있다.

### "급변하는 시장에 대응하기 위한 플랫폼은 '경쟁의 종말'이 아닌 '경쟁의 서막'"

히라노 아쓰시 칼, 안드레아 학주의 저서 '플랫폼 전략'에 의하면 플랫폼 전략이 필요한 이유를 〈그림 7-3〉과 같이 제시하고 있다. 첫째, 고객의 요구가 점점 다양화되어 단일 기업의 역량으로 고객을 만족시키기가 어려워지기 때문에 플랫폼을 통해 다양한 이해관계자들이 협업을 통해 고객의 니즈를 충족시킨다는 것이다. 둘째, 제품 수명이 단축되어 매년 더 많은 신제품을 개발해야 하며, 치열한 경쟁 속에서 개발 비용을 최소화하기 위한 수단으로 플랫폼을 제시하고 있다, 셋째, ICT 기술의 발달로 정보가 빠르게 확산되어 정보

**비즈니스 플랫폼**

- **비즈니스 플랫폼은 비즈니스 생태계의 토대로 정의**할 수 있음
- 비즈니스 플랫폼은 양면시장 이론에 따라 공급측면의 소비자와 수요측면의 소비자로 구분할 수 있음
- 플랫폼 전략을 구사하는 기업은 **공급측면의 소비자와 수요측면의 소비자를 연결**해줌으로써 가치를 창출하는 기업임

| 규칙 | 내용 |
| --- | --- |
| 고객 요구의 다양화 | • 고객의 요구가 점점 다양화되어 한 회사의 능력으로 이를 모두 만족시키기가 어려워짐 |
| 제품 수명의 단축 | • 매년 더 많은 신제품을 개발해야 하는데, 경쟁은 점점 더 치열해지므로 개발 비용에 대한 엄격한 관리 필요 |
| 네트워크 효과의 강화 | • 커뮤니케이션 기술의 발달로 입소문 효과가 점점 커지므로 쏠림현상도 점차 커질 것으로 예상 |
| 아웃소싱과 규모의 경제 확대 | • 글로벌화와 맞물려 아웃소싱과 규모의 경제가 확대되어 기능별 전문업체의 규모도 점차 커져가고 있음 |

〈그림 7-3〉 비즈니스 플랫폼의 개념

의 쏠림 현상도 점차 커질 것으로 예상되므로 플랫폼이 이를 중재하여 네트워크 효과를 강화시킬 것이라 예상하고 있다. 넷째, 플랫폼은 단순히 국내 시장을 대상으로 서비스를 제공하는 것이 아니라 전 세계적으로 제공하는 서비스가 될 확률이 높기 때문에 아웃소싱과 규모의 경제가 더욱 확대되어 기능별 전문 업체의 규모가 점차 커져 플랫폼 전략이 필요할 것이라고 설명하고 있다.

결국, 궁극적인 플랫폼 전략의 목적은 바로 가치를 창출하는 것이다. 비즈니스 플랫폼은 기존 비즈니스 모델과는 다르게 수익구조를 창출하여 고객에게 더 높은 가치를 전달할 수 있다. 그리고 비즈니스 플랫폼은 기존 산업의 문제점을 해결하고, 새로운 구조를 형성하는 산업 혁신의 방법이라고 할 수 있다. 이를 통해 플랫폼에 참여하는 다양한 이해관계자들은 경쟁관계에서 우위를 점할 수 있다.

플랫폼 전략은 결국 경쟁에서 우위를 점하기 위한 방법이다. 휴대폰 시장에서 1위를 호령한 기업인 노키아와 모토로라는 결국, 애플의 스마트폰 플랫폼 전략에 밀려 몰락하고 말았다. 그리고 구글이 형성한 플랫폼에 빠르게 협력하여 스마트폰을 제조한 삼성은 스마트폰 생태계에서 살아남을 수 있었다. 생태계 및 플랫폼 전략은 제임스 무어(1997)가 말한 '경쟁의 종말'이 아닌 '경쟁의 서막'이라고 할 수 있다.

**"플랫폼의 성공은 결국, 비즈니스 모델의 승패에 달려 있다!"**

플랫폼을 단순히 기술적인 관점에서 접근하는 사람들이 있다.

플랫폼의 기능을 도출하기 위해서는 기술적 관점의 접근을 지양해야 한다. 물론 기술개발의 중요성을 간과하는 것은 아니다. 하지만 플랫폼의 핵심은 다양한 이해관계자들이 협업을 할 수 있는 공간을 제공하는 것이다. 즉, 이해관계자들의 참여를 유도하고, 활용할 수 있는 서비스를 기획하고 기술을 개발 및 기술의 융합을 해야 한다는 것이다.

## 7-2 플랫폼 개발사례

여기에서 사례로 소개하는 것은 소프트웨어 플랫폼을 의미하는 것으로써 공공사업의 성격과 부합할 수 있는 오픈소스 기반의 플랫폼을 구축하고, 이를 기반으로 다수의 사업자 및 소비자 확보를 위한 개방형 전략을 추진한다. 또한 소비자 요구사항의 피드백을 통하여 플랫폼 비즈니스가 원활하게 될 수 있도록 중개역할 수행에 주력하고자 하였다.

플랫폼 전략의 핵심은 다면시장에서 다수의 이해관계자들을 연결하고 중개하는 역할을 수행한다. 본 플랫폼은 현재 정부, 공공기관, 기업(컨설팅 기업, SI 기업 등), 협회 등 다양한 이해관계자가 존재하며, 분산되어 있는 공공서비스 관련 콘텐츠 및 노하우 등의 융합을 통해 수출기업의 역량강화와 수출 기회를 성사시킬 수 있도록 지원하는 것을 목표로 한다. 플랫폼에서의 협업을 위해서는 커뮤니케이션 도구 및 협업 관리 도구가 필요하다. 이를 위해 SNS(Social Network Service)를 접목하여 커뮤니케이션 도구 및 협업 관리 도구로 활용한다. SNS는 사용자가 요구하는 다양한 애플리케이션의 개발과 사용의 편이성이 높아진다. SNS는 최근 기업의 홍보 및 마케팅에 적극적으로 활용되고 있으나 단순히 질의응답의 형식으로 운영되고 있어 그 한계점이 존재한다(홍순구 외, 2012).

여기에서 활용하는 SNS의 경우 기존 SNS와 달리 기업의 협업에 최적화 되어있다. 기존의 SNS, 이메일, 인스턴스 메신저와 연계를 통한 통합 커뮤니케이션이 가능하고, SNS 글에 대한 검색이 가능하다. 또한 실시간으로 입력되는 텍스트에 대한 업무 도움 자료를 제시하는 상황인지 직무 코칭이 가능하고, 지식 매쉬업이 가능하도록 설계되었다. 그리고 수출 업무의 특성상 공개적으로 배포하기 어려운 자료 및 정보들이 존재하기 때문에 폐쇄형 SNS를 활용하여 기업의 비밀보장 및 지식거래를 용이하게 할 수 있는 장점이 있다.

그리고 BPM(Business Process Management)을 이용하여 해외 서비스 수출 모델을 개발하고, 각 BPM 단계별로 개발된 폼 양식은 BPM의 프로세스 모델러(Process modeler)를 이용하여 각 액티비티(Activity)와 매핑을 하게 된다. 즉, 수출 진행단계를 표준화하여 정의하고, 각 단계에서 필요한 양식들을 자동적으로 제공함으로써 수출 진행에 있어 편의성을 제공하고 진행상의 과업 누락을 방지하고자 BPM 기반의 플랫폼을 구현하였다. 그리고 BRE(Business Rule Engine)의 개념을 활용하여 의사결정 모델을 개발 · 적용함으로써 의사결정의 효율성을 제고하였다.

공공서비스 수출 사업화 플랫폼은 수출 지원에 특화된 도구들을 사용하여 여러 가지 수출 지원 서비스를 제공하는 플랫폼으로서,

분산된 지식정보를 통합하여 새로운 가치 창출 및 수출 애로사항에 대한 해결책 제시를 통해 비즈니스 기회를 제공한다. 이를 위해 공공 DB와 민간 DB를 통합할 수 있는 개념을 설계하고, 지식서비스 플랫폼이 갖추어야 할 실시간 분석과 여러 기관에서 제공하는 데이터에 대한 관리체계를 확보하기 위해 메타데이터 관리를 고려했다. 이를 통합 제공함으로써 수출 사업자뿐 아니라 관련된 서비스를 제공하는 SP(Service Provider), CP(Content Provider) 등에게도 비즈니스 기회를 제공할 수 있다.

본 플랫폼은 SOA(Service Oriented Architecture)의 접근 방식과 웹 서비스 표준을 채택함으로써 시스템의 재사용성 향상과 통합을 지원할 수 있도록 설계 · 개발하였다. 또한 다른 언어로 만들어진 애플리케이션과 상호작용할 수 있는 인터페이스를 제공하는 JNI(Java Native Interface)를 활용하여 개발했다. 〈그림 7-4〉는 〈공공서비스 수출지원플랫폼〉의 포털 시스템 구성도이다.

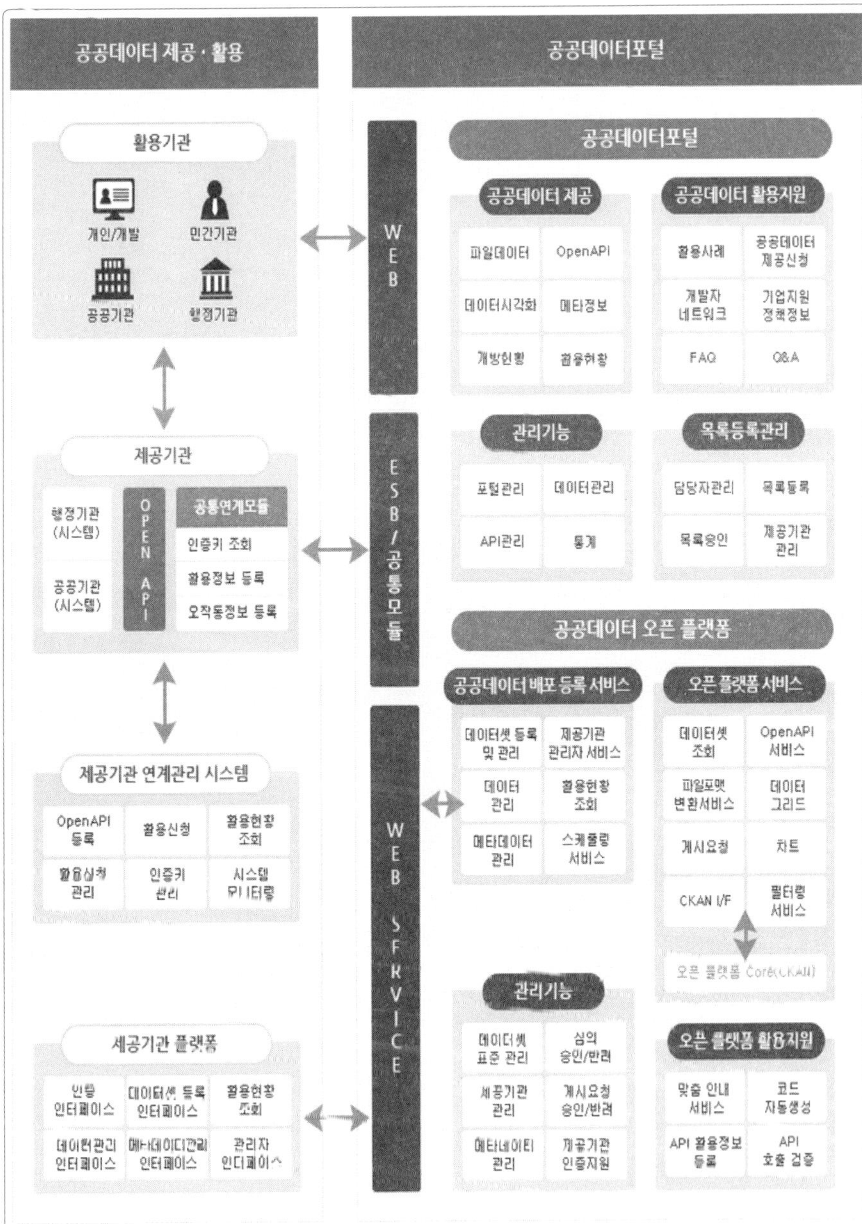


〈그림 7-4〉 플랫폼 포털 시스템 구성도

ECO SCIENCE
strategy of
new paradigm

에코사이언스: 새로운 패러다임의 생존 전략

# 8

# '구현' 개발사례

Ⅱ 새로운 서비스를 실현하기 위해서는 앞에서 보여준 것처럼 서비스와 함께 실행에 필요한 전략을 도출한 다음 이해관계자들이 적극적으로 참여할 수 있도록 비즈니스 모델을 설계하여야 한다. 그런 다음에 고객을 포함하여 서비스에 참여하는 이해관계자들이 공유하는 플랫폼이 필요하므로 협업과 비즈니스 전략으로서의 플랫폼을 설계한다. 이때, 새로운 서비스는 고객에게는 새롭고, 기존의 제도와는 크게 배치될 가능성이 있기 때문에 시장진입 및 경쟁전략에 필요한 제도를 고안해야 한다. 앞에서 개발한 공공서비스 수출지원사업은 아직 실제 서비스는 실시되고 있지는 않기 때문에 플랫폼을 중심으로 한 새로운 사업을 수행하는데 필요한 제도개발 사례나 실제 운영상의 경험을 설명할 수는 없다. 그래서 이 장에서는 먼저 서비스의 구현 시 고려해야 할 요소를 살펴본 다음에 플랫폼을 중심으로 실제 운영 시 예상되는 재무적인 타당성을 점검해 보고자 한다.

## 8-1 서비스 구현 시 고려사항

**"공유경제 시대의 신 서비스를 기존 제도권으로 포용해서 상생을 추구해야 함"**

에코사이언스에 기반을 둔 새로운 서비스 시스템은 공유경제의 특징인 '협력'과 '공유'의 특징을 가진다. 이러한 것들을 통해서 경제를 활성화시키기 위해서는 우선 새롭게 부상하는 공유경제 시장과 기존 시장생태계와 마찰을 줄이고 신산업으로 성장시키기 위한 정책들이 마련되어야 한다. 즉 기존 시장생태계 교란 및 마찰 이슈와 관련하여 서비스 결과가 시장 왜곡으로 이어질 수 있는 사례를 바탕으로 향후 이슈를 도출해야 한다. 예를 들어 모바일 차량 예약 이용 서비스 '우버', 민박 공유 온라인 서비스인 '에어비앤비' 등은 세금 문제를 비롯해 각종 규제에서 벗어나 불법영업으로 분류되어 온 측면이 있으며 아직까지도 많은 논란을 일으키고 있다.

현재까지도 국내에서는 공유경제 서비스가 기존제도와 충돌, 불법으로 간주되는 경우가 많아 제도적 개선 노력이 필요하며, 공유경제 시대에 맞는 합리적 규제개선 추진, 즉 지원 및 육성관점의 법제도 개선이 필요하다. 내국인에게는 집을 빌려줄 수 없도록 한 '관광진흥법 시행령 및 시행규칙', 개인 간 자동차 공유를 금지한 '여객자동차운수사업법' 등이 대표적인 걸림돌이라고 할 수 있다.

**"새로운 서비스가 안착하기 위해서는 편리함 이외에도 고객 신뢰성을 갖추어야 함"**

공유경제는 플랫폼을 만들어내는 다양한 소셜 벤처들을 육성할 수 있음은 물론이고 플랫폼에 참여하는 개개인들도 새로운 일자리와 수입을 창출할 수 있는 혁신적 모델임에 따라 다양한 사례분석을 통해 유형을 정립하고 정책방향을 도출해야 한다. 그리고 고객과의 소통, 기업의 신뢰도 증대, 기술안정화 등 인증 또는 품질검증 서비스 마련을 통해 공급자와 이용자 모두에게 신뢰를 받는 신뢰 시스템을 마련해야 하며, 이와 함께 인터넷 문화 전반의 성숙한 발전을 통해 온라인상의 개인과 개인의 신뢰형성기반 마련이 중요하다(Botsman & Rogers, 2010). 서비스 제공 후 피드백을 통해 다시 기획단계에 영향을 주는 순환모형으로 플랫폼을 설계 및 구성함으로써 서비스의 안전성을 높일 수 있는 성과평가 도구를 개발해야 한다.

## 8-2 공공서비스 수출플랫폼 수익분석

공공서비스 수출지원 플랫폼의 지속적 운영을 위한 자금 확보를 위하여 플랫폼 사업의 재무적 타당성 검증을 실시하였다. 이 분석은 연도별 필요 투자규모를 산정하고, 연도별 현금흐름 분석을 통하여 손익분기 달성 시점을 예측하여 미래를 대비하는 데 의의가 있다. 우선 수익요소와 원가요소 정의를 통한 재무손익 추정기준을 마련하고 투자비용과 운영비용을 추정한 후 플랫폼 유료 서비스를 통해 얻을 수 있는 수익을 추정한다.

분석의 시기는 연구과제 사업기간 3년(2012년~2015년, 3년)이 종료된 후 5년차까지 실시하였으며, 서비스 이용자 수는 국내 IT서비스 업체 수, 총 4,580개 기업(대기업 78개, 중소기업 4,502개; 미래창조과학부, 2013.12) 중 66.3%인 3,037개 기업이 이용할 것으로 예측하였다. 한국무역협회의 통합무역정보시스템(Trade NAVI, 2012) 운영 사례를 기반으로 3차년도 사업 종료 후 주관기관인 한국IT서비스산업협회에서 운영한다는 가정 하에 인력추정을 하였으며, 인건비에는 임금상승률 연간 5% 향상을 반영하여 분석하였다.

본 플랫폼은 공공정보를 적극적으로 개방하고 공유하며 부처 간 칸막이를 없애 소통하고 협력함으로써, 국민 맞춤형 서비스를 제공하고 동시에 일자리 창출과 창조경제를 지원하는 새로운 패러다임인 정부3.0과 맥을 같이 한다. 즉, 플랫폼에서 제공되는 다수의 정보는 공공정보에 기반을 두고 있으며, 지원 대상 역시 소수의 우량기업이 아닌 대다수의 중소기업을 대상으로 하고 있다. 따라서 본 연구에서는 네 가지 수익모델(다이렉트, 얼라이언스, 리셀러, 광고)을 구분하고, 서비스의 특성을 바탕으로 유료서비스와 무료서비스로 구분하여 수익구조를 마련하였다.

서비스 이용자 수 추정에 있어 서비스를 점검 후 실시하는 첫 해에는 한국IT서비스산업협회 회원사 60개사(대기업 30개, 중소기업 30개)를 기반으로 시범서비스를 시작하고, 이후 연도별로 국내 IT서비스 업체의 5%, 10%, 15%, 20%, 30% 참여 시 연도별 수익을 추정

〈표 8-1〉 플랫폼 서비스의 수익요소 도출

| 구분 | 플랫폼 서비스 | 내용 | 대상고객 | 수익요소 | 지불 방식 | 서비스단가 | | 비고 |
|---|---|---|---|---|---|---|---|---|
| | | | | | | 저 | 중 | |
| 컨설팅 | 해외수출 역량진단 | 기업 수출 대상국가 매칭(우선순위) | 국내 대기업/중소기업 | 콘텐츠 DB 사용료(템플릿) | 전자문서횟수 | 무료 | 무료 | 다이렉트 모델 |
| | | 진출 및 경영전략 수립 | 국내외 SP/CP(대기업/중소기업) | 연계 수수료 | 컨설팅 성사횟수 | 600만원(3,000만원) | 1,000만원(5,000만원) | 얼라이언스모델 |
| 인증 | 해외수출 지식거래소 | 지식정보 거래 성사 시 건당 수수료 | 국내외 SP/CP(대기업/중소기업/에이전트) | 연계 수수료 | 지식거래성사횟수 | 20만원(평균 100만원) | 40만원(평균 200만원) | 얼라이언스모델 |
| 정보 | 공공서비스 해외수출 정보마당 | 한국형 공공서비스 분류별 세부내용 제공 | 국내외 대기업/중소기업/에이전트 | 콘텐츠 DB 사용료(템플릿) | 전자문서횟수 | 무료 | 무료 | 다이렉트 모델 |
| | 수출기업 네트워크 | 기관별 통합 기업정보 연계 제공 | 국내외 대기업/중소기업/에이전트 | 콘텐츠 DB 사용료(템플릿) | 전자문서횟수 | 무료 | 무료 | 리셀러모델 |
| | 수출정보 안내지도 | 기관별 통합 발주정보 통계분석 제공 | 국내 대기업/중소기업/에이전트 | 콘텐츠 DB 사용료(템플릿) | 전자문서횟수 | 무료 | 무료 | 리셀러모델 |
| 커뮤니티 | 소통의 장 | 솔루션(CODI) 제공 | 국내외 대기업/중소기업/에이전트 | 연회비(서비스이용료) | 연간 | 기업회원 1인 100만원 | 기업회원 1인 150만원 | 다이렉트 모델 |
| 기타 | 광고 | 자사 광고 | 국내외 대기업/중소기업 | 광고료 | 분기별 | 클릭당 10만원 | 클릭당 20만원 | 광고모델 |

주: 1. 다이렉트(Direct): 본 연구사업을 통하여 개발된 원천기술 또는 알고리즘 등을 통하여 분석·제공되는 서비스를 통해 얻는 수익
2. 얼라이언스(Alliance): 3rd party 기업들(Contents Provider, Service Provider)이 플랫폼을 통한 신규 비즈니스(컨설팅 등)로 인해 얻는 수익의 수수료(약 20%)
3. 리셀러(Reseller): 공공기관과 MOU를 통하여 제공받은 공공정보를 기반으로 신규 템플릿을 통해 제공함으로써 얻는 수익
4. 광고(Advertising): 3rd party 기업들의 신뢰도를 평가하고 정보를 제공함으로써 얻는 수익

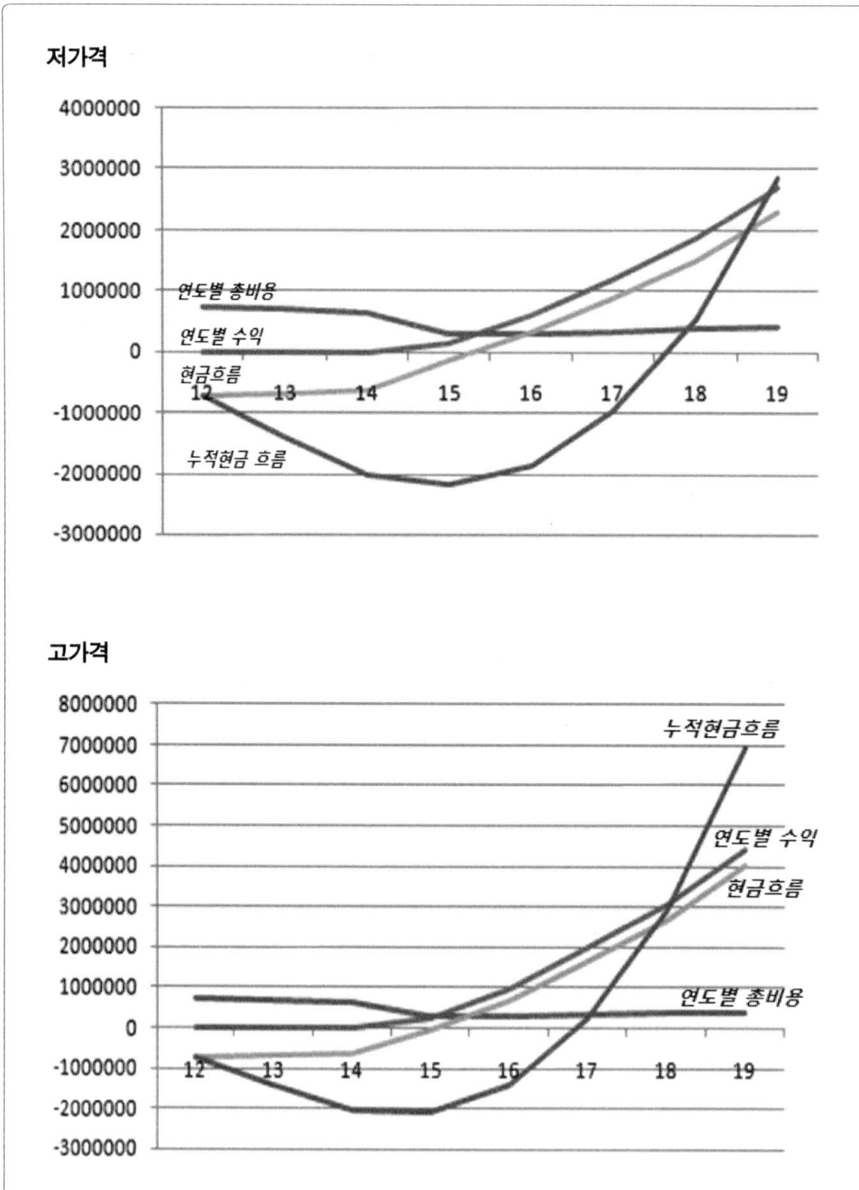


〈그림 8-1〉 연도별 현금흐름 분석

하였다. 연도별 총 비용에 있어 4차년도에 투자비용이 다소 높게 책정된 것은 3차년도까지 개발 목표가 시제품(prototype) 성능평가 단계이므로 실제 이용을 위한 서버구축과 IDC센터 이용 비용이 필요하기 때문이다.

수익분석 결과, 현금흐름(저가격) 기준으로 사업시작 5년차(즉, 사업종료 후 2차년)에 손익분기점(BEP)을 달성하며, 7차년에 누적 손익분기점을 달성하는 것으로 나타났다.

투자수익률 분석 결과, 사업 착수 후 8년간의 현재가치 기준 –5%~29% 투자수익율을 얻을 것으로 추정되며, 서비스사업의 성격상 기간이 증가할수록 투자수익률은 높아질 것으로 판단된다.

〈표 8-2〉 투자수익률 분석

| 구분 | 할인율 | 수익NPV | 투자NPV | ROI | 비고 |
|---|---|---|---|---|---|
| 저가격 | 10% | 3,414,886 | 2,648,826 | 28.9% | – |
| | 15% | 2,521,285 | 2,648,826 | –4.8% | |
| 중가격 | 10% | 6,531,294 | 187,611 | 108.8% | – |
| | 15% | 4,084,047 | 2,648,826 | 54.2% | |

## | 참고문헌 |


과학기술정책연구원(2013), 농업의 신성장 동력화를 위한 기술혁신의 역할과 기능, 정책연구 2013-06.

광개토연구소(2014), 3D프린터 특허분석과 대응전략 보고서.

공감지도(http://pt.slideshare.net/drood/the-empathymap-template)

권혁인(2010), 서비스 모델, 한경사.

권혁인(2013), 공공서비스 수출 사업화 플랫폼 개발, 1차년도 연차보고서, 산업통상자원부.

곽정호(2011), 모바일 생태계 형성과 통신정책의 연관성, 방송통신정책, 23(1).

경향신문, [예술인 복지, 어디까지 왔나]예술가는 배고프다… 66.5%가 한 달에 100만원도 못 벌어, 2013.10.15.

기술인문융합창작소(2013), Techno Humanities Atelier : 기술인문융합 창의형 인재, 인재육성을 위한 정책은? 산업통상자원부.

김동환(2011), 복잡계 방법론 : 시스템 다이내믹스, 2011년 2월 시스템 다이내믹스 학회 워크숍.

김동환 · 안승구(2011), 국가 R&D 투자배분에 관한 시스템 다이내믹스 모델링, 한국 시스템다이내믹스 연구, 12(2).

김동철 · 서영우(2011), 경영전략 수립 방법론, 시그마인사이트컴.

김창욱 · 강민형 · 강한수 · 윤영수 · 한일영(2012), 기업생태계와 플랫폼 전략, SERI 연구보고서, 삼성경제연구소.

농림수산식품 연구개발사업 통합정보서비스. (http://www.fris.go.kr)

농림축산식품부(2014), 농림축산식품부 2013 회계연도 예산 내역.

농림축산식품부(2015), 2015년도 업무계획.

뉴시스, "3D프린팅, 미술 만나다… 예술가의 새로운 창작도구," 2014.05.14.

디자인정글, "예술가의 새로운 창작도구, 3D프린팅, 예술의 새로운 생태계를 만들다," 2014.05.22.

류태규 외(2012), 지식재산과 경제발전 연구 : 국내 지식자본 및 특허의 경제적 가치 추정, 특허청, 인프라 기초연구과제 보고서.

매일경제, "3D프린터 돌풍 거센데… 제조강국 한국은 여전히 탐색중," 2013.07.25.

매일경제, "그림책 '구름빵', 4400억 매출에도 작가 수입은 고작 '1850만원', 2014.08.29.

머니투데이, "예술가, 3D프린터를 만나니 또 다른 작품 세계가," 2014.06.28.

산업연구원(2014), ICT융합을 통한 식품인진의 혁신, 스마트 푸드 시스템, e-KIET 산업경제정보, 2014-23.

서울경제, [문화콘텐츠가 미래 먹거리다] 〈1〉 왜 문화콘텐츠인가, 2013.01.20.

시사저널(2013), 인적 네트워크의 허브는 '현오석', 1219호.

안현(2012), 워크플로우 기반 소속성 네트워크 발견 및 분석 프레임워크, 경기대학교 석사학위논문.

알렉산더 오스터왈더 · 예스 피그누어(2011), 비즈니스 모델의 탄생, 타임비즈.

유재미 · 오철호(2011), 지식생태계 연구 경향, 한계 그리고 제언, 정보화정책, 18(4).

윤홍근(2010), 공유의 비극을 넘어 : 공유자원 관리를 위한 제도의 진화, 랜덤하우스코리아.

이보경 · 심수민 · 김형수 · 이정환(2013), ICT와 3D프린팅에 의한 제3차 산업혁명, KT경제경영연구소, ISSUE CRUNCH.

이봉규 · 김기연 · 이치형 · 정갑영(2006), 이동통신 서비스-콘텐츠-플랫폼 사업자간 가치네트워크 분석, 정보통신정책연구, 13(4).

이언오 외(2002), 국가경쟁력의 현실과 정책방안, 삼성경제연구소, 연구보고서.

이장균(2015), 제조업 혁신 방향, 현대경제연구원.

전자신문, "기업 3D프린팅 활용한 제조혁신 지원사업, 내달 시행 앞두고 '실효성' 의문," 2014.06.12.

전자신문, "산발적인 전자정부 수출 지원사업, 헛 돈 쓴다… 컨트롤타워마련 시급," 2013.07.29.

전자신문 미래기술연구센터(2014), 아시아로 몰리는 3D프린터 시장 경쟁, etview plus.

전자정부수출지원시스템. (http://www.egovexport.or.kr/egovexport/index)

조선일보, "再生에너지와 IoT 결합… 생산비 제로의 3차 産業혁명 온다", 2015.03.05.

주재욱 · 윤두영 · 이주영 · 이경현(2010), 통신시장 구조변화에 따른 가치사슬 및 가치네트워크에 관한 동태적 분석, 정보통신 정책연구원, 기본연구 10-03.

한국노동사회연구소(2012), 청년실업대책 평가와 개선방안 연구, 정책연구 2012-02.

한국농촌경제연구원(2014), 농업 · 농촌에 대한 2014년 국민의식 조사 결과, 농정포커스.

한국농촌경제연구원(2015), 농업전망 2015 : 수급안정방안, 현장에서 찾는다, E04-2015.

한국대학신문(2013), "올해 대졸자 평균 취업률 59.3%," 20130.08.29.

한국마그네슘기술연구조합(2013). (http://www.kmt.or.kr/)

한국산업기술평가관리원(2015), 농업로봇 기술동향과 산업전망, KEIT PD Issue Report, 15(2).

한국전력(2015), 한국전력통계, 84.

한국정보화진흥원(2011), 미래 정부를 위한 지식플랫폼 구축방향, IT & Future Strategy, 3.

한국콘텐츠진흥원(2012), 해외콘텐츠시장 동향조사(하반기 1권), KOCCA 연구보고서 12-22.

한국콘텐츠진흥원(2012), 세계 콘텐츠산업의 현황과 트렌드 변화, KOCCA 통계브리핑 12-6.

황병선(2012), 스마트플랫폼전략, 한빛비즈.

행정안전부(2011), 과학적 조직관리를 위한 조직진단 매뉴얼, 행정안전부 조직진단과.

히라노 아쓰시 칼, 안드레아 학주(2011), 플랫폼 전략: 장을 가진 자가 미래의 부를 지배한다, 더숲.

Alvin Toffler(2005), "황우석 교수와의 원격 대담," 조선일보, 2005.09.01.

Johann Eder and Wolfgang Gruber(2002), A Meta Model for Structured Workflows Supporting Workflow Transformations, ADBIS(Advances in Databases and Information Systems) 2002 proceedings.

Rachel Botsman & Roo Rogers(2010), What's Mine Is Yours : The Rise of Collaborative Consumption, Harper Collins Business.

OECD, Main Science and Technology Indicators. (https://stats.oecd.org/)

Henry Chesbrough(2006), Open Business Models : How to Thrive in the New Innovation Landscape, Harvard Business School Press.

IEA(2015), Energy and Climate Change, World Energy Outlook Special Report.

James F. Moore(1993), Predators and Prey : A New Ecology of Competition, Harvard Business Review, May-June.

James F. Moore(1997), The Death of Competition: Leadership and Strategy in the Age of Business Ecosystems, HarperBusiness.

James F. Moore(2006), Business ecosystems and the view from the firm, The Antitrust Bulletin, 51(1).

Joe Peppard & Anna Rylander(2006), From Value Chain to Value Network : Insights for Mobile Operators, European Management Journal, 24(2-3).

Marco Iansiti & Roy Levien(2004), Strategy as Ecology, Harvard Business Review, March.

McKinsey Global Institute(2013), Disruptive technologies: Advances that will transform life, business, and the global economy.

Michael E. Porter & Mark R. Kramer(2011), Creating Shared Value, Harvard Business Review, January-February.

Michael E. Porter(1990), Competitive Advantage of Nations, Harvard Business Review, March-April.

NSF, science and engineering indicators. (http://www.nsf.gov/statistics/seind14/)

Ron Adner(2006), Match Your Innovation Strategy to Your Innovation Ecosystem, Harvard Business Review, April.

Verna Allee(2008), Value network analysis and value conversion of tangible and intangible assets, Journal of Intellectual Capital, 9(1).

Wikipedia. (https://en.wikipedia.org/wiki/Scenario_planning)

Winter Green Research, INC(2014), Agricultural Robots: Market Shares, Strategies, and Forecasts, Worldwide, 2014 to 2020, Automation/Robot Market Research Reports.

Wohlers Associater, Inc.(2012), Annual Revenues from Additive Manufacturing Products and Services Worldwide.

**에코사이언스: 새로운 패러다임의 생존 전략**

저 자 권혁인
발 행 일 2015년 8월 31일
발 행 처 **한경사**
발 행 인 이계남
등록사항 제10-1951호 2000년 4월 14일
주 소 서울시 마포구 신수로 59-1 (3층)
전화번호 02-717-7264~5
팩스번호 02-717-7226
홈페이지 hankyungsa.co.kr
전자우편 hankyungsa@hanmail.net
I S B N 978-89-6844-066-3 93300
가 격 15,000원